ARTE, PROSA, POESIA

Il Muralista

DEDICA

A tutti gli artisti

e alla mia nipotina che mi ispira costantemente

SOMMARIO

RINGRAZIAMENTI

Ringrazio chi ha la pazienza e il piacere di ascoltarmi e, soprattutto, ringrazio i lettori.

.

INTRODUZIONE

Nelle opere dell'artista, il mondo si trasforma in un caleidoscopio di emozioni, colori e forme che catturano l'anima umana nella sua essenza più profonda. In questo nuovo libro, ci immergeremo in un viaggio affascinante attraverso il mondo delle opere d'arte, dipinti e sculture, delle recensioni delle stesse opere e delle poesie rappresentate con immagini, trasformando la pagina in una tela su cui dipingere le molteplici sfaccettature della vita quotidiana, degli stati d'animo umani, delle relazioni e degli interessi.

Le opere d'arte che esploreremo non sono semplici rappresentazioni statiche, ma finestre aperte su mondi complessi e vibranti. Esse non solo riflettono l'umanità nei suoi momenti di gioia, tristezza, passione e contemplazione, ma parlano anche della società e dei problemi che l'affliggono, catturando l'essenza di un momento di un'epoca in un singolo quadro o scultura.

Ma in questa meravigliosa galleria di immagini avremo anche modo di scoprire alcune opere in cui la natura stessa diventa protagonista, tessendo la sua storia nei dipinti che celebrano la sua bellezza e rivelano le sfide che deve affrontare.

Una sezione speciale di questo libro è dedicata alle poesie, che non solo ci cattureranno con le parole, ma verranno trasformate in immagini che danzano tra i nostri occhi e la nostra mente. Un connubio tra l'arte visiva e la poesia che ci invita a riflettere su quanto possa essere potente l'espressione artistica e ancor di più quando le parole si uniscono ai colori e alle forme.

Benvenuti in questo mondo incantato, dove l'arte diventa uno specchio della nostra umanità, un riflesso delle nostre esperienze e un ponte tra il visibile e l'invisibile. Questo è uno di quei libri che celebrano la bellezza della creatività umana e la profondità delle emozioni che ci accomunano in questo straordinario viaggio chiamato vita.

Introduzione a cura di *Lucia Lodevole*

A - L'UOMO, LE RELAZIONI,

GLI STATI D'ANIMO

In questa sezione ci sono le opere che rappresentano il mondo delle relazioni umane e quelle con la natura e gli animali. Così si parla di amicizia, di felicità e solitudine, dell'affetto, della visione della vita, del rapporto con gli animali da compagnia e con la natura, della qualità delle relazioni, ma anche dei problemi che affliggono l'umanità come le dipendenze.

In questa parte del libro, emerge un ricco panorama di opere che esplorano il complesso mondo delle relazioni umane e degli stati d'animo. L'autore si immerge profondamente nell'analisi di temi come la solitudine e la nostalgia, il rapporto tra gli individui anziani e gli animali domestici, loro fedeli compagni, le complesse dinamiche di molteplici relazioni a scapito della qualità, il coraggio e i miti che permeano la società, l'affetto e la visione positiva della vita.

La nostalgia, un sentimento universale, viene affrontata con una sensibilità che cattura la profondità delle emozioni umane, il desiderio di rivivere momenti passati, e l'incapacità di sfuggire alla trascendenza del tempo. Il rapporto tra gli anziani e i cani è esaminato con un occhio attento alla tenerezza e alla connessione tra l'umanità e il regno animale. L'opera narra di legami profondi, dove la presenza di un fedele amico a quattro zampe porta conforto e significato alla vita degli anziani.

L'analisi delle troppe relazioni a discapito della qualità si concentra su come l'abbondanza di connessioni superficiali possa spesso privarci di relazioni profonde e significative.

Il coraggio e il mito rappresentano una riflessione sulla forza interiore dell'essere umano e su come la mitologia possa fungere da fonte di ispirazione e orientamento nella vita.

L'affetto e la visione positiva della vita emergono come una celebrazione delle emozioni umane più luminose, enfatizzando l'importanza di mostrare affetto verso gli altri e di mantenere una prospettiva ottimista sulla vita, nonostante le sfide. In questa sezione del libro, l'autore esplora la complessità delle relazioni umane e degli stati d'animo, offrendo al lettore un ampio spettro di emozioni e riflessioni che alimentano la comprensione della condizione umana.

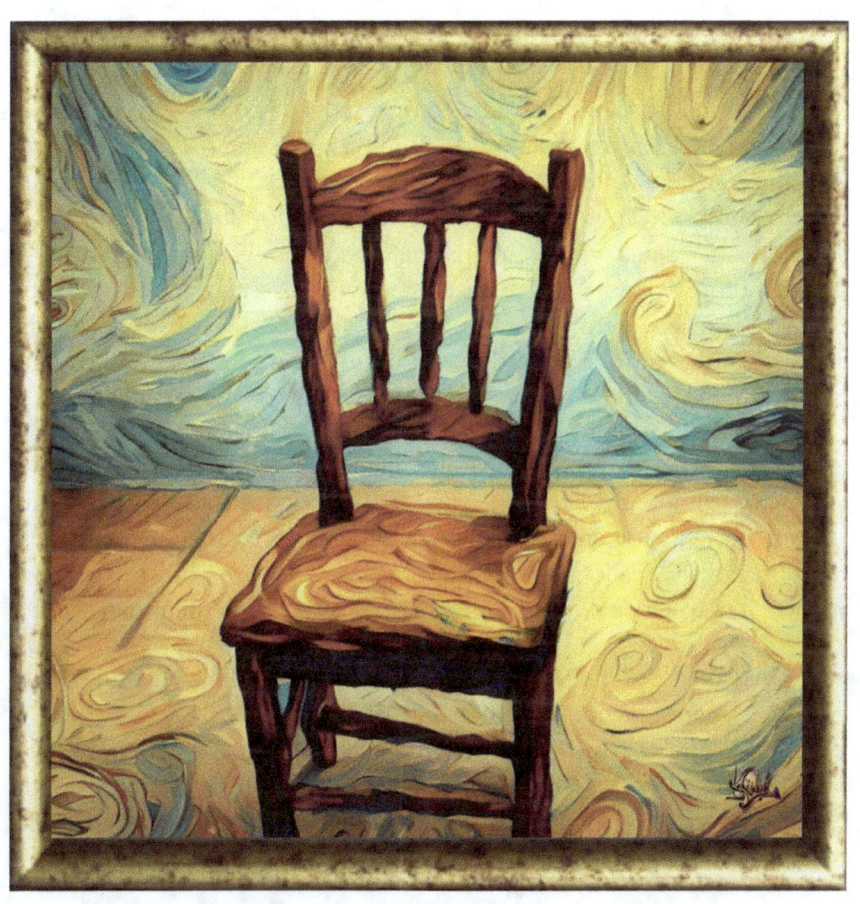

1

NOSTALGIA

Questo quadro è un'evocativa rappresentazione del sentimento di "nostalgia". Al centro della scena domina una solitaria sedia di legno posta in una stanza vuota. La sedia vuota è il fulcro dell'opera. Cattura l'attenzione dello spettatore e trasmette un profondo senso di vuoto e solitudine. La sedia, con la sua patina di storia e il suo legno logoro, è un simbolo eloquente della presenza umana passata, ma ora assente. La sua posizione centrale e l'assenza di altre persone o oggetti nella stanza, sottolineano la solitudine e il desiderio di qualcosa o qualcuno che è andato perduto.

La stanza stessa è dipinta con colori caldi e affascinanti, come il giallo, l'azzurro, il marrone e il rosso. Questi colori contribuiscono a creare un'atmosfera avvolgente e nostalgica, evocando ricordi ed emozioni di tempi passati. Il giallo potrebbe rappresentare la luce calda del passato, mentre il marrone e il rosso richiamano il senso di familiarità e affetto.

Il quadro riesce a catturare il sentimento di nostalgia in modo potente, facendo sì che lo spettatore rifletta sui ricordi, le persone e le esperienze che ci sono state care ma che ora sono lontane. La sedia vuota nella stanza deserta rappresenta la presenza assente di qualcuno o qualcosa che si è persa, ma che continua a vivere nei ricordi e nel cuore di chi guarda l'opera.

A cura di *Sonia Viva.*

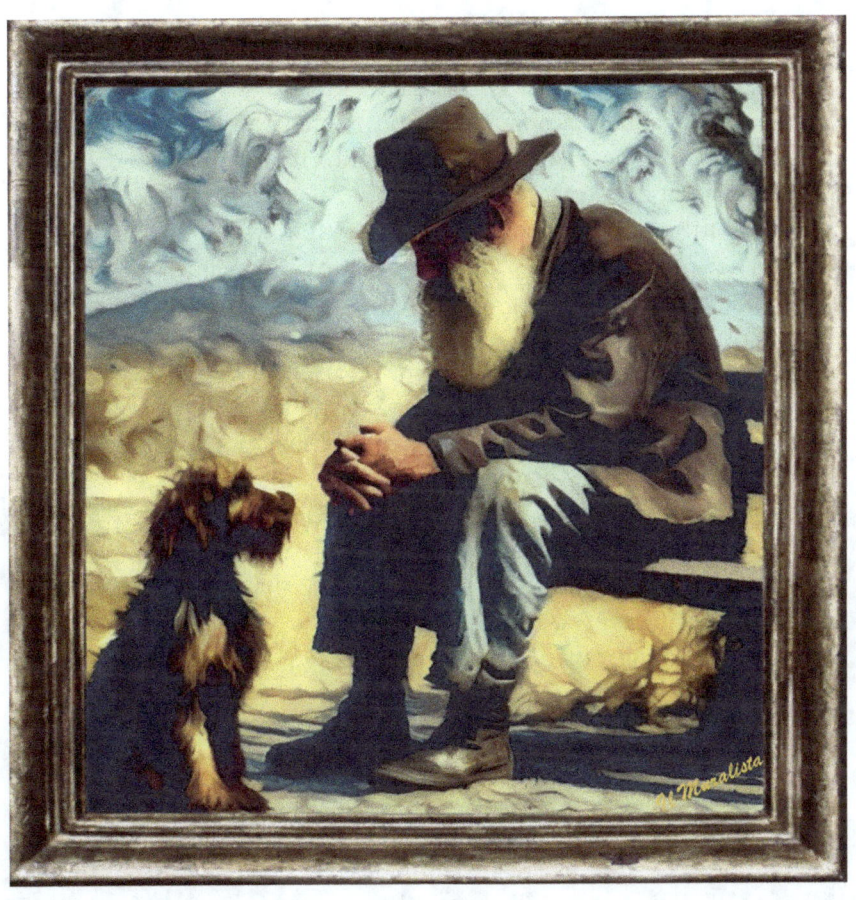

2

IL VECCHIO E IL CANE

Il quadro cattura un momento di intimità e affetto tra un vecchio signore e il suo fidato cane. Un'immagine di tenerezza e complicità tra l'uomo e il suo amico a quattro zampe. Al centro della composizione il vecchio, seduto su una panchina di legno. Il suo viso è solcato dalle rughe del tempo e trasmette profonda saggezza e calma interiore. Indossa abiti semplici e consunti che raccontano la storia di una lunga vita vissuta. La sua lunga e folta barba bianca è un segno distintivo del suo incedere negli anni, i capelli bianchi s'intravedono appena sotto il caldo cappello.

Il vecchio uomo è chinato in avanti, le sue mani rugose e gentili si stringono dolcemente come in un tenero abbraccio. Di fronte a lui con una postura attenta e devota il cane, suo amico fedele che solleva leggermente il muso per incontrare lo sguardo affettuoso del suo padrone. I loro occhi si incontrano in un momento di profonda connessione, mentre il vecchio uomo parla al suo amico a quattro zampe con amore e affetto. Le parole del vecchio sono trasmesse attraverso il linguaggio del corpo e dello sguardo, comunicando un affetto incondi-zionato e una mutua comprensione.

La scena è avvolta da una luce morbida e calda, che crea una sensazione di serenità e tranquillità. I dettagli della panchina di legno, dei colori dell'ambiente circostante e della pelliccia del cane sono resi con grande maestria artistica, dando vita al quadro e catturando la bellezza della relazione tra l'uomo e il suo amato compagno peloso. È un'immagine che evoca emozioni di amore, affetto e compagnia, un tributo alla bellezza delle connessioni tra l'umanità e il mondo animale.

A cura di *Sonia Viva*

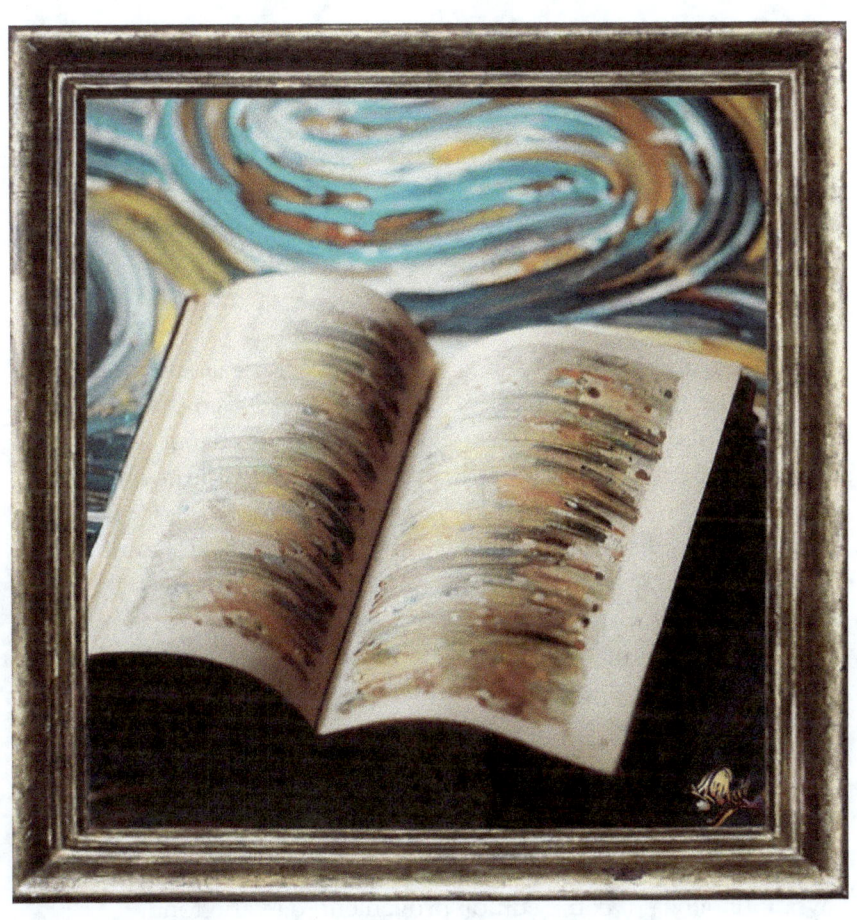

3

TROPPO COLORE

Il quadro è una esplosione di colori vivaci e vibranti. In primo piano, domina l'intera composizione un libro aperto. Tuttavia, le pagine del libro sono state completamente coperte di colore, creando un caos di sfumature brillanti e audaci. Non c'è modo di distinguere le parole o le immagini che erano presenti sulle pagine, poiché il colore le ha nascoste.

Questo quadro simboleggia la perdita di significato quando c'è un eccesso di colore e complessità. Rappresenta visivamente l'idea che anche se i colori possano essere belli e affascinanti, quando sono troppi e sovraccaricano la scena si perde in chiarezza e significato. Il troppo a volte storpia, dice il proverbio. La stessa metafora potrebbe essere usata in un parallelismo con le relazioni umane: quando sono troppe, potrebbero essere superficiali. Se ci si vuole relazionare con troppe persone, diventa difficile approfondire e stabilire rapporti significativi. Come il libro nel dipinto, le relazioni potrebbero diventare "imbrattate" da un eccesso di interazioni e si rischierebbe di perdere in profondità e autenticità. Nel dipinto, l'impiego di tonalità vivide e cromaticamente intense assume un ruolo fondamentale nel sottolineare l'aspetto visuale dell'abbondanza di informazioni e stimoli. Questi colori arditi fungono da rappresentazione visiva di un mondo contemporaneo in cui siamo costantemente sommersi da una sovrabbondanza di dati e stimoli provenienti da varie fonti.

Il contrasto tra i colori sgargianti evoca la sensazione di un ambiente caotico e frenetico, in cui tutto sembra competere per l'attenzione dell'osservatore. Tuttavia, il messaggio intrinseco dell'opera va oltre la mera rappresentazione visiva del sovraccarico. Sottolinea con forza l'importanza di dirigere la propria attenzione e sforzi verso un numero limitato di relazioni di alta qualità, piuttosto che cercare una miriade di connessioni superficiali.

Questo messaggio riflette una critica sociale e culturale nei confronti dell'era dell'iper connettività, in cui spesso ci concentriamo su quantità eccessive di interazioni e relazioni superficiali a discapito di quelle autentiche e significative. Difatti, per troppe persone è più importante il numero di follower che la qualità degli stessi. L'uso dei colori vivaci nel contesto del quadro non solo attira l'attenzione dell'osservatore, ma lo spinge a riflettere sulla complessità del mondo moderno e sull'importanza di selezionare con cura le connessioni e le relazioni che davvero contano. L'artista invita il pubblico a considerare il valore della profondità e della qualità delle connessioni umane in un'epoca dominata dalla superficialità e dall'abbondanza di stimoli visivi e informazioni. In definitiva, l'opera rappresenta un'invocazione a una maggiore consapevolezza e discernimento nelle nostre relazioni e nel modo in cui affrontiamo l'eccesso di informazioni nella società contemporanea.

A cura di *Sonia Viva*

4

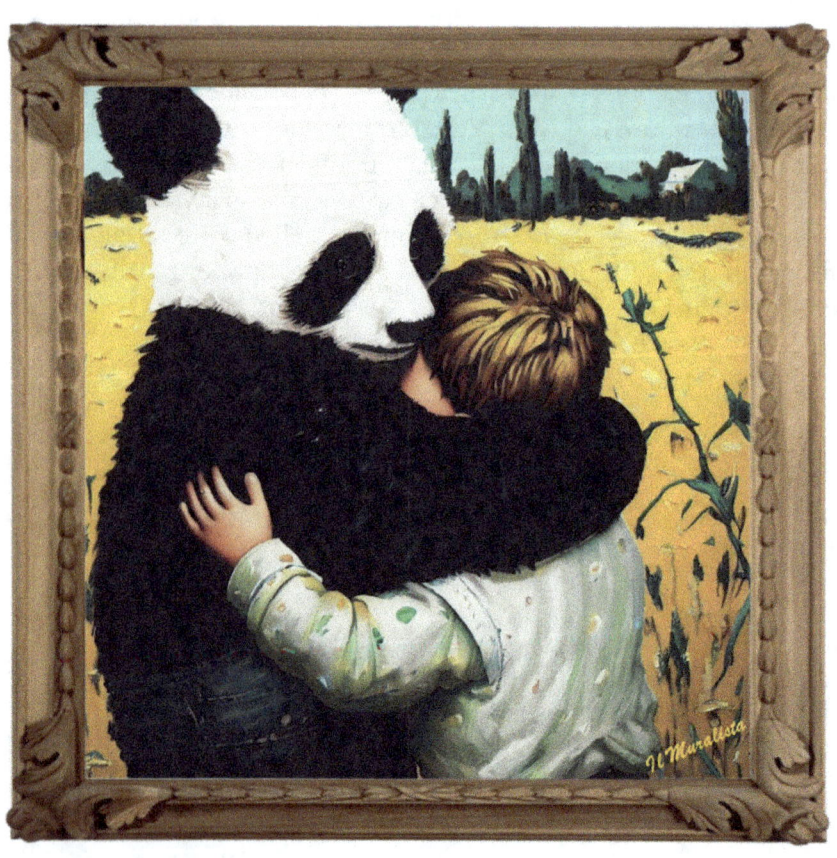

4

L'ABBRACCIO

Questo quadro è una dolce rappresentazione del valore dell'amicizia e degli affetti tra esseri diversi ma legati da un legame profondo. Al centro della scena, vediamo un panda affettuoso e tenero. Il panda è umanizzato, indossa un paio di jeans e stringe in un caloroso abbraccio un bambino, suo amico. Non possiamo vedere il volto del bambino, ma la sua felicità è palpabile dalla tenerezza del gesto con cui, a sua volta, abbraccia il panda.

Lo sfondo del quadro è un campo dorato che evoca una sensazione di calma e serenità. Nell'orizzonte lontano ci sono alberi verdi e un cielo azzurro, che contribuiscono a creare una cornice idilliaca per questo momento di affetto sincero. Il panda, solitamente noto per la sua natura tranquilla e riservata, qui è rappresentato come un amico affettuoso e premuroso.

Quest'immagine trasmette il messaggio che l'amicizia può superare qualsiasi barriera, anche quella tra mondi diversi, e i legami speciali che si formano possono portare solo gioia e amore. Questo quadro incarna il potere dell'amicizia e dell'affetto nell'illuminare le nostre vite e ci ricorda quanto sia importante coltivare relazioni sincere e amorevoli con gli altri. La scena esprime un senso di gioia, serenità e unione che ci ispira a celebrare il valore delle relazioni umane, ma anche dell'amore per gli animali.

A cura di *Sonia Viva*

5

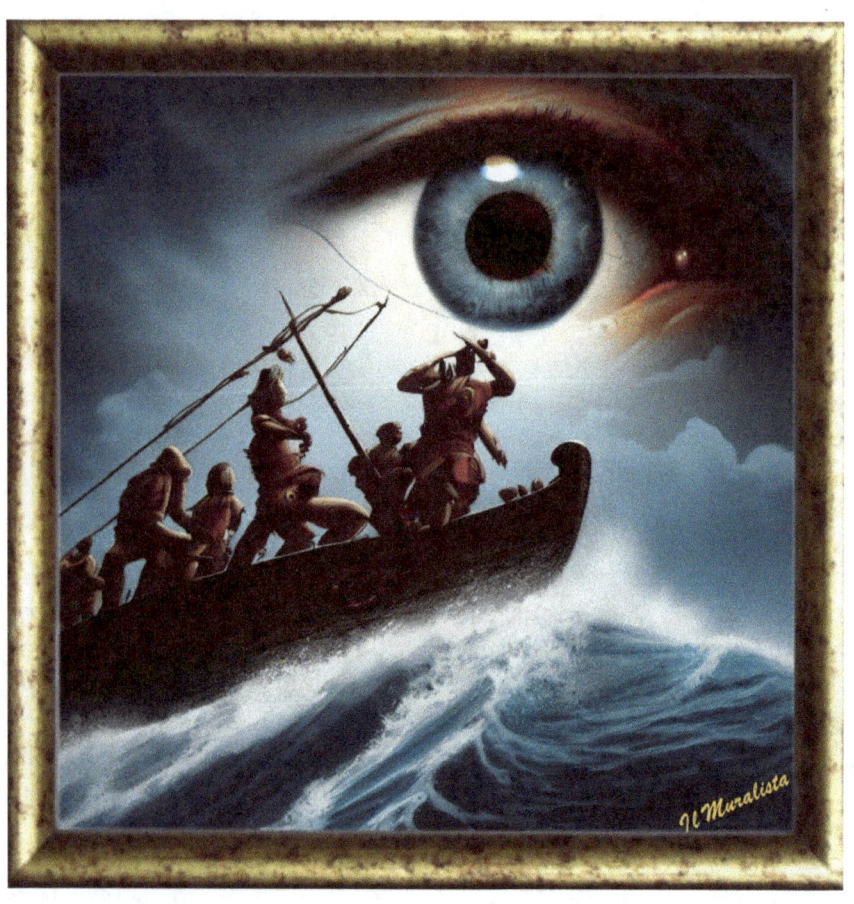

5

GIASONE E GLI ARGONAUTI

Il quadro è un'opera straordinaria che cattura un momento epico e suggestivo dell'antica mitologia greca. Raffigura Giasone e gli Argonauti a bordo della loro famosa nave Argo, mentre attraversano le alte onde in cerca del leggendario Vello d'Oro. Tutt'intorno, il mare è agitato e tormentato, con onde possenti che si infrangono contro la barca, creando spruzzi d'acqua che illuminano il dipinto con riflessi scintillanti. Il protagonista dell'opera, Giasone, capo degli Argonauti, è ritratto con un atteggiamento di determinazione e coraggio. Sta motivando con entusiasmo i suoi compagni. Gli Argonauti sono raffigurati in varie posizioni sulla barca, alcuni impegnati nella navigazione, altri che si preparano per affrontare le onde imprevedibili.

Ciò che rende questo quadro davvero interessante è il grande occhio che osserva dall'alto. L'occhio è simbolico e misterioso, come se rappresentasse una divinità marina o un essere magico che segue la spedizione degli Argonauti con grande interesse. L'occhio è disegnato con dettagli sorprendenti, con ciglia e curve che gli conferiscono un aspetto ipnotico. La luce dorata del sole appare concentrarsi con singolare intensità su specifiche parti dell'occhio, generando un contrasto vibrante tra il calore avvolgente del sole, la luce sfumata dell'orizzonte e l'energia tumultuosa dell'azione dei naviganti. L'artista ha abbracciato l'uso di colori vivaci e impetuosi per catturare l'intensità emotiva e la grandezza epica di questa avventura. Una tavolozza variegata di sfumature di blu è stata adoperata per raffigurare con maestria il mare agitato e in tempesta, facendo emergere l'essenza stessa della sua forza inarrestabile.

Questo quadro è un'interpretazione magistrale di un mito antico, che cattura la tensione e l'entusiasmo di una delle storie più celebri dell'antica Grecia. L'occhio che osserva dall'alto aggiunge un elemento di mistero e incertezza alla scena, facendo sì che lo spettatore si immerga completamente nell'avventura di Giasone e degli Argonauti, pregustando le sfide che li attendono e i misteri che si sveleranno durante il loro viaggio. l parallelo con la realtà contemporanea assume una profonda rilevanza poiché mette in luce le sfide impegnative a cui dobbiamo rispondere. In particolare, pone l'accento sullo straordinario impatto dell'onnipresente occhio della rete, ovvero Internet, il quale non soltanto ci sottopone a un costante controllo ma anche guida in maniera significativa le nostre decisioni, spaziando dall'ambito consumistico fino ad influenzare in modo preoccupante le sfere politiche ed etiche.

L'era digitale ha portato con sé un'interconnessione senza precedenti, con la rete che registra e analizza le nostre azioni, preferenze e comportamenti in modi che spesso sfuggono al nostro controllo o alla nostra consapevolezza. Questa sorveglianza digitale non è limitata al nostro comportamento di consumo, ma si estende anche all'ambito politico, dove la manipolazione delle informazioni e la creazione di bolle informative possono influenzare in modo significativo le nostre opinioni e decisioni. Inoltre, il nostro sistema etico è spesso messo alla prova in questo mondo digitalizzato, dove la ricerca di profitto e la corsa all'attenzione possono portare a compromessi morali. L'etica stessa della tecnologia, come la privacy e l'uso responsabile dei dati, diventa un tema centrale, con importanti implicazioni per il futuro della società. Al problema l'artista ha dedicato un'opera intitolata, appunto, "La rete".

A cura di *Sonia Viva*

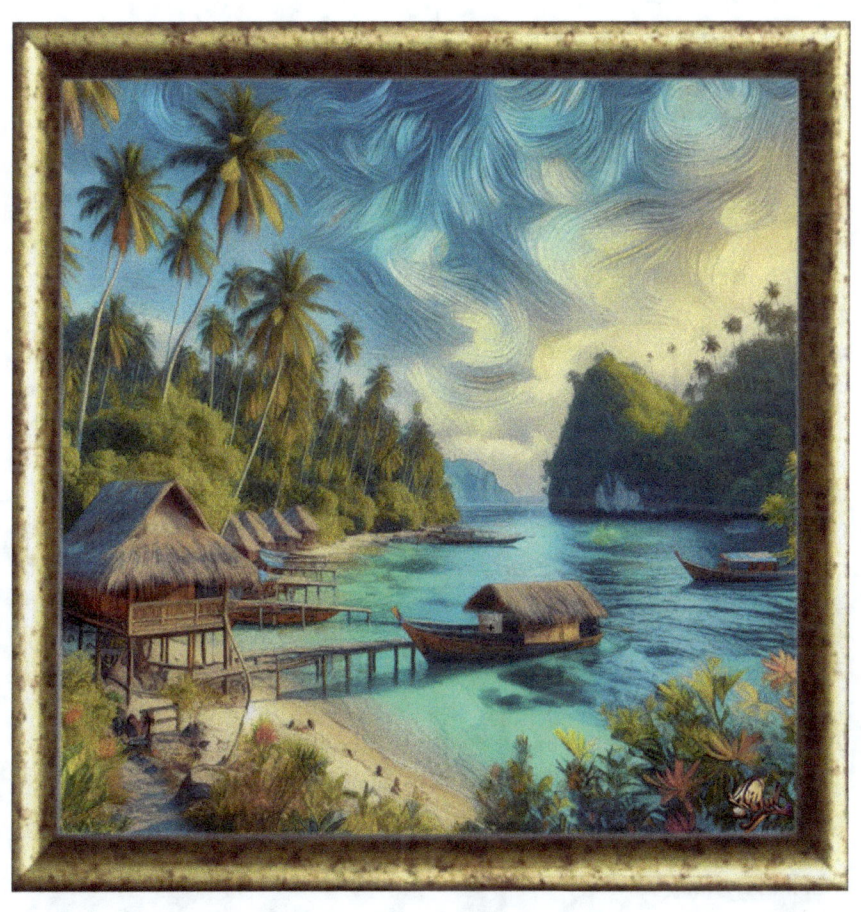

6

IL LATO POSITIVO

Nel quadro si apre di fronte a noi un paradisiaco angolo tropicale, una vera oasi di bellezza e tranquillità. L'insenatura si estende con le sue acque cristalline, che sfumano delicatamente tra il verde e l'azzurro, creando una vista mozzafiato. Al centro di questa piccola baia si erge una capanna in legno, posta su palafitte, che protegge l'abitazione quando il mare è mosso. Nella baia alcune barche in legno, pronte per essere utilizzate per esplorare questa incantevole isola incontaminata. La vegetazione circostante è lussureggiante e abbondante, con palme che si ergono maestose e donano un tocco di esotismo all'ambiente. Oltre la baia, si stagliano monti ricoperti da una vegetazione altrettanto rigogliosa, che si protendono a picco sul mare, creando un contrasto affascinante tra la maestosità della montagna e la serenità dell'oceano.

In questo quadro c'è un elemento a sorpresa, che non centra nulla con il contesto. L'avete notato? È la parte superiore di una batteria stilo ed è stata posizionata sulla barca attraccata al molo. La batteria mostra il lato positivo (+). Questo elemento simbolico ci ricorda che in qualsiasi circostanza, guardando bene, c'è sempre un lato positivo da scoprire e apprezzare. Mentre il bellissimo paesaggio sottolinea quanto è bella la vita.

La morale che emana dal quadro è intrinsecamente profonda e universalmente significativa. Nonostante le molteplici difficoltà e le avversità che affrontiamo nella vita, l'opera sottolinea l'importanza di cercare costantemente il lato positivo delle cose, proprio come la metaforica batteria nel dipinto. L'angolo tropicale raffigurato assume un significato simbolico e tangibile: è un rifugio di pace e serenità in mezzo al tumulto del mondo.

Quest'immagine ci ricorda che, anche nelle situazioni più inaspettate e improbabili, è possibile trovare bellezza e positività. La scelta di rappresentare questa oasi di tranquillità all'interno del quadro suggerisce che, indipendentemente dalle sfide e dai contrasti della vita, c'è sempre un angolo di speranza, un'opportunità per riscoprire la gioia e la gratitudine.

Questa rappresentazione simbolica ci invita a coltivare una prospettiva più ottimista e a concentrarci sui momenti di bellezza e positività che emergono anche nelle circostanze più difficili. In un mondo spesso dominato da notizie negative e preoccupazioni, l'opera ci incoraggia a mantenere un atteggiamento positivo, a trovare ispirazione nella natura e a cercare l'equilibrio tra le avversità e i momenti di gioia. In definitiva, ci ricorda che, anche quando sembra che la batteria sia scarica e le difficoltà siano insormontabili, la luce della speranza e della positività può ancora brillare nella nostra vita.

A cura di *Sonia Viva*

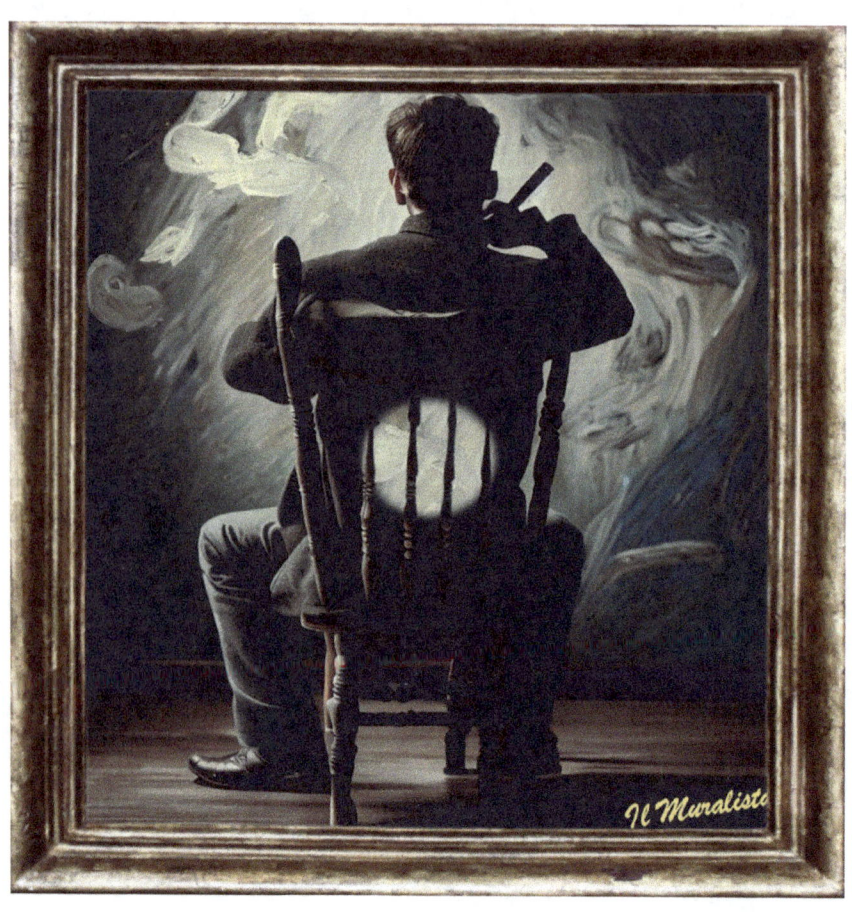

7

FUMATORE SOLITARIO

Questo dipinto, intitolato "Il Fumatore Solitario", cattura l'essenza di un uomo incallito nel suo vizio, completamente immerso nei suoi pensieri, all'interno di una stanza piena di fumo. La scena è avvolta in un'atmosfera tetra e triste, con la luce fioca e bianca di una lampada da tavolo che lotta per penetrare la densa cortina di fumo che satura l'ambiente. Il fumo crea nell'aria vortici e spirali che si intrecciano tra loro, contribuendo a dare una sensazione di confusione e isolamento. La luce, però, riesce ad attraversare il corpo e ciò allude alla condizione precaria dei polmoni del fumatore.

Al centro del dipinto un uomo di mezza età, il protagonista di questo quadro. La sua figura è in contrasto con la densa nuvola di fumo, come se lui volesse staccarsi dal fumo stesso. Infatti, è ritratto di schiena, perché ha vergogna e non vuole mostrarsi in questo stato. L'uomo tiene tra le dita un sigaro, che all'apparenza non emette fumo, come se fosse spento. Ma l'ambiente circostante ne è pieno e ciò rafforza il contrasto che vive nella sua testa: quello che fa e quello che vorrebbe o non vorrebbe fare.

Questo quadro cattura la fragilità e la solitudine di un fumatore incallito, intrappolato nella sua dipendenza e persino nella sua stessa stanza, incapace di districarsi fra i suoi pensieri e allontanarsi dal fumo che lo avvolge. È una rappresentazione potente di una dipendenza che ha preso il controllo, isolando completamente il protagonista dal mondo esterno. Naturalmente, è una estremizzazione dello stato delle dipendenze, ma c'è lo stesso una speranza, il fumatore si rende conto di quello che fa ed è un primo passo che, magari se aiutato, potrebbe portarlo alla libertà.

A cura di *Sonia Viva*

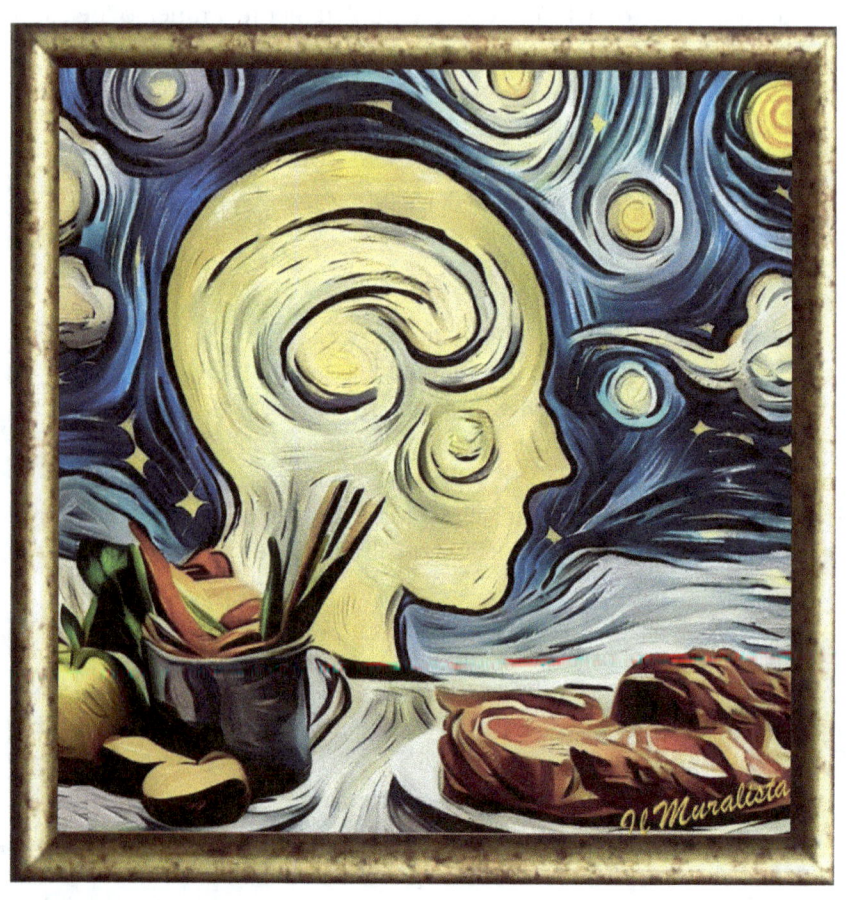

8

IL CIBO E LA MENTE

Il dipinto cattura l'attenzione con la sua tavolozza di colori vivaci, dove si riconosce il caratteristico stile post-impressionista. Al centro dell'opera, emerge una testa umana stilizzata dipinta con tonalità di giallo, che sembra brillare come una lanterna in una notte buia. La testa è rappresentata in modo astratto, con linee fluide e concentriche, evocando la sensazione di una mente in continuo movimento e riflessione. Guardando attentamente la testa, si può avere la suggestione di vedere una serie di simboli e immagini enigmatiche. Nel campo visivo della testa, si trovano elementi legati al cibo.

A sinistra, troviamo della frutta che è disposta nelle vicinanze della testa, subito sotto il collo. Questo rappresenta l'aspetto fresco, vitale e nutritivo del cibo, che è parte integrante della nostra esistenza. Dall'altra parte, a destra della testa, c'è un piatto con grosse fette di carne succulenta, che è dipinto con colori appaganti, creando una contrapposizione con la freschezza della frutta. Questa immagine rappresenta il desiderio umano di soddisfazione istantanea e la tentazione di indulgere in cibi ricchi, ma meno salutari.

L'opera del Muralista mette in risalto il complesso rapporto tra la mente umana e il cibo. La testa gialla simboleggia la ricerca costante della mente per comprendere il mondo e prendere decisioni, mentre i simboli del cibo rappresentano la dualità tra la nostra necessità di nutrimento fisico e il desiderio di gratificazione sensoriale. Il dipinto ci invita a riflettere sulla nostra relazione con il cibo, sottolineando la necessità di un equilibrio tra la mente e il corpo, tra il desiderio e la necessità.

Per migliorare la relazione tra il cibo e la mente, sarebbe auspicabile cercare un equilibrio nella dieta, essere consapevoli delle proprie abitudini alimentari e delle emozioni legate al cibo, e cercare aiuto professionale quando necessario. Inoltre, bisognerebbe promuovere l'educazione alimentare e la consapevolezza nutrizionale, che potrebbe aiutare a combattere l'ignoranza sui cibi e a migliorare la salute mentale in generale.

A cura di *Sonia Viva*

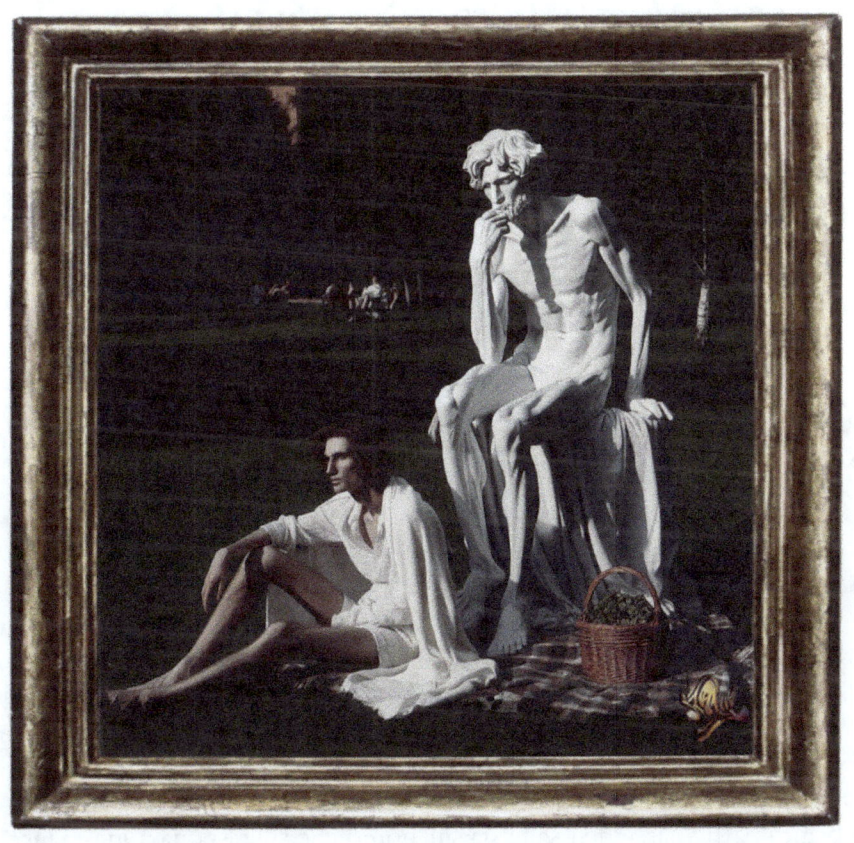

9

L'OMBRA

Il dipinto raffigura un'atmosfera serena e contemplativa. Al centro della scena, c'è un giovane uomo seduto su un prato verde. Indossa un lungo vestito bianco con uno scialle che gli copre le spalle. La sua espressione sembra persa nei propri pensieri, mentre fissa il vuoto, assorto in una profonda riflessione interiore. Accanto a lui, vi è un cesto da picnic posato su una tovaglia, suggerendo un momento di pausa e relax.

Tuttavia, il focus principale del dipinto sembra essere la figura di una statua marmorea posta dietro il giovane uomo. La statua raffigura un uomo magro con barba, seduto su una pietra di marmo. Nonostante la nudità, la rappresentazione è fatta in modo che non sia volgare, ma piuttosto riflette un senso di saggezza e profonda introspezione. La statua, la sua ombra, sovrasta il giovane uomo, ma la luce bianca che la illumina suggerisce che il suo ruolo non sia passivo ma, piuttosto, quello di guidare, ispirare o influenzare il pensiero del giovane.

L'atmosfera generale del dipinto è avvolta nella luce del tramonto, che conferisce al quadro una qualità eterea e suggestiva. Lo sfondo del dipinto è buio, ma la luce del tramonto è calda e morbida, conferendo alla scena una sensazione di pace e serenità.

Tuttavia, il fulcro di questa composizione è rappresentato dalla luce bianca particolare che risalta sia sull'uomo che sulla statua. Questa luce ha un carattere quasi trascendente, simboleggiando un'illuminazione interiore o una consapevolezza speciale. Il giovane uomo, vestito di bianco, è seduto su un prato verde, la cui freschezza e vitalità contrasta con la sua espressione pensierosa. La sua figura sembra un'istantanea catturata in un momento di profonda contemplazione, come se stesse cercando di cogliere il significato più profondo della vita. La sua scelta di indossare un abito bianco potrebbe rappresentare la purezza o la ricerca di verità e chiarezza.

La statua marmorea, posta dietro di lui, è la sua ombra ed è rappresenta da una bella figura più grande ed appariscente, come a significare che abbiamo qualcuno che ci segue costantemente e non è passivo, perché identificato con la nostra stessa interiorità. Infatti, la nudità della statua suggerisce una vulnerabilità e una verità essenziale e questo uomo marmoreo appare come un saggio o un filosofo, seduto su una pietra di marmo, che è tradizionalmente considerata un simbolo di solidità e stabilità.

La luce bianca che illumina la statua accentua la sua importanza e la profondità del pensiero e dell'esperienza umana che rappresenta. La metafora che l'artista vuole trasmettere è quella della ricerca interiore e dell'importanza della saggezza. Il giovane uomo, immerso nei suoi pensieri, sembra cercare di attingere alla saggezza e alla profondità di comprensione che la statua rappresenta. La luce bianca su entrambe le figure suggerisce che la consapevolezza e la comprensione possono essere raggiunte anche quando ci si sente persi o inutili. In questo scenario di tramonto, la luce rappresenta la speranza e l'illuminazione che possono essere trovate attraverso la riflessione e la contemplazione profonda, nonostante le sfide e le ombre che possano oscurare il nostro percorso.

A cura di *Ambra Cordillera*

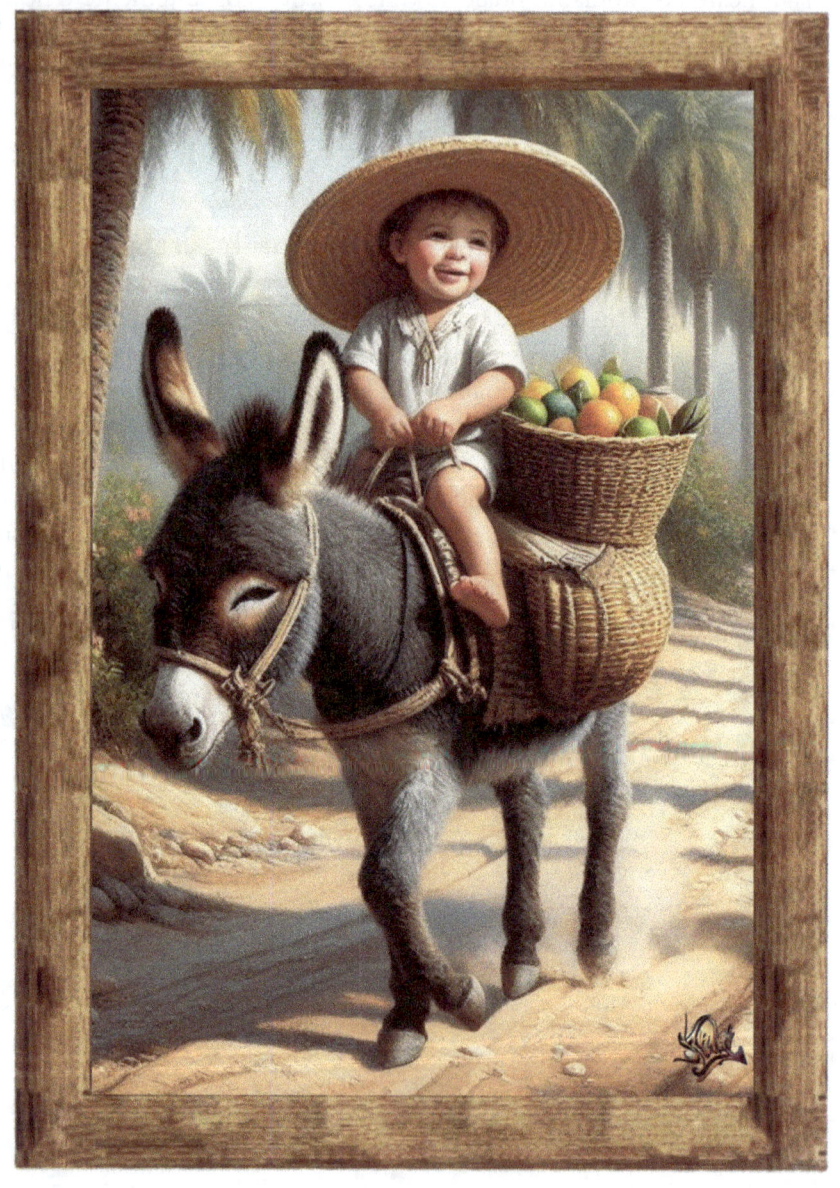

10

INNO ALLA GIOIA

Il quadro "Inno alla Gioia" è un'opera che irradia allegria e spensieratezza, catturando perfettamente l'essenza della gioventù e dell'armonia tra l'uomo e la natura. L'artista ha creato una scena che trasmette un profondo senso di felicità attraverso l'immagine di un bambino, un asinello e un cesto di frutta. Al centro del quadro, vediamo un bambino sorridente con un grande cappello di paglia. La sua espressione di gioia intensa è contagiosa e cattura immediatamente l'attenzione dello spettatore. Il bambino sembra essere in uno stato di pura felicità, e il suo sorriso è un richiamo alla gioventù e all'innocenza.

Il fatto che il bambino sia seduto in groppa a un asinello simpatico, tranquillo e sereno aggiunge un ulteriore elemento di dolcezza alla scena. L'asinello rappresenta l'elemento di calma e serenità nella vita del bambino, creando un contrasto affascinante con la sua esuberante gioia. La presenza di un cesto di frutta sulla soma dell'asinello suggerisce un'uscita o una gita campestre, evidenziando la semplicità e la bellezza di momenti quotidiani.

La scelta di utilizzare colori vividi per i soggetti principali, come il bambino, l'asinello e il cesto di frutta, crea un effetto di enfatizzazione, mettendo in risalto la gioia e la vitalità di questi elementi centrali. Allo stesso tempo, il contesto circostante, con una strada in terra e palme, è reso con una luce soffusa, che mette in risalto ulteriormente il bambino, l'asinello e la frutta. È affascinante notare come il quadro "Inno alla Gioia" cerchi di catturare l'essenza della gioia in modo simile all'omonima composizione musicale di Ludwig van Beethoven, l'"Inno alla Gioia" dall'ultima sinfonia. Entrambi cercano di trasmettere un'emozione universale e potente, celebrando la gioia in modi diversi ma altrettanto intensi. Mentre la musica di Beethoven sfrutta il linguaggio sonoro per esprimere la gioia, il quadro fa uso delle immagini visive per farlo.

Entrambi gli artisti, musicisti e pittori, cercano di cat-turare la gioia in una forma tangibile che possa ispirare e coinvolgere lo spettatore o l'ascoltatore. Il quadro "Inno alla Gioia" riesce a comunicare la gioia attraverso il sorriso del bambino, la serenità dell'asinello, i colori vivaci e la luce soffusa. Questi elementi si combinano per creare un'atmosfera di allegria e felicità che può essere percepita immediatamente, proprio come la musica dell'Inno alla Gioia è in grado di evocare una profonda emozione. Entrambi gli "Inni alla Gioia", il musicale e il pittorico, possono ispirare uno spettatore o un ascoltatore a riflettere sulla bellezza della gioia e dell'armonia nella vita.

Queste opere sono un richiamo all'importanza della gioia e della condivisione di momenti di felicità, che possono arricchire e ispirare le nostre vite. In definitiva, il quadro "Inno alla Gioia" è un omaggio affascinante alla gioia, che cattura l'essenza dell'emozione in un modo unico e coinvolgente, proprio come il celebre Inno alla Gioia di Beethoven ha fatto nella musica. Entrambe le opere sono testimonianze della capacità dell'arte di trasmettere emozioni e che la gioia può scaturire da esperienze semplici e autentiche della vita quotidiana.

A cura di *Sonia Viva*

B

SOCIETÀ

Questa selezione di opere delinea un quadro ampio e complesso della società contemporanea, affrontando tematiche di cruciale importanza. L'autore esplora questioni che spaziano dalla crisi ambientale al dilemma dei rifugiati, dalla lotta per il potere all'evoluzione dell'intelligenza artificiale e al predominio della rete internet.

Il riscaldamento del pianeta, l'inquinamento, la deforestazione e la perdita di biodiversità sono questioni che richiedono una riflessione profonda e una presa di coscienza collettiva. Queste opere affrontano il nostro impatto sull'ambiente naturale, mettendo in evidenza l'urgenza di affrontare queste sfide globali e di adottare misure concrete per preservare il nostro pianeta per le generazioni future.

Il problema degli immigrati, dei campi profughi e delle tragedie in mare ci confronta con la cruda realtà di individui che fuggono da situazioni di conflitto, povertà e persecuzione.

Le opere in questa selezione ci spingono a riflettere sulla necessità di risposte umanitarie e politiche adeguate per affrontare questa crisi globale.

La lotta per il potere senza esclusione di colpi rivela la complessità delle dinamiche politiche e sociali. Queste opere ci immergono nel mondo del potere, della politica e delle strategie spesso oscure che possono avere un impatto significativo sulla società.

L'evoluzione dell'intelligenza artificiale è un argomento di grande rilevanza in un'epoca in cui la tecnologia sta rivoluzionando molti aspetti della nostra vita. Mentre si evidenziano i benefici potenziali, si sottolinea anche il rischio di una disoccupazione tecnologica e di problemi sociali connessi all'uso non regolamentato di questa tecnologia.

La rete internet, onnipresente nella nostra vita quotidiana, rappresenta una forza che modella il mondo contemporaneo.

L'analisi di una cattiva distribuzione della ricchezza e di tasse non proporzionali alle capacità contributive dei cittadini, solleva questioni di equità e giustizia sociale in un'epoca in cui la tecnologia e la globalizzazione influenzano profondamente l'aspetto economico e sociale delle nostre società.

Questa selezione di opere si offre come una panoramica critica e riflessiva sulla complessità della società contemporanea, offrendo spunti di discussione e promuovendo la consapevolezza delle sfide e delle opportunità che ci circondano.

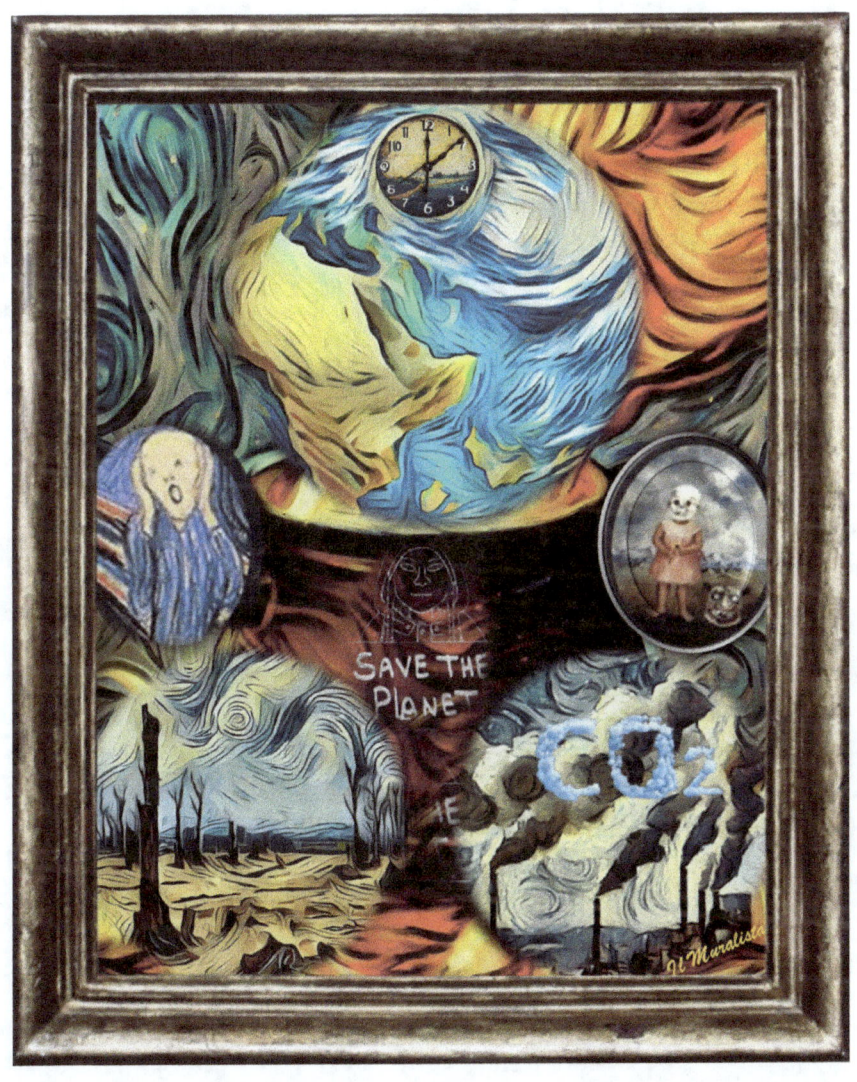

11

SAVE THE PLANET

Il dipinto rappresenta la sintesi perfetta delle tante parole che si sprecano a favore dell'ambiente. La tecnica usata nel murale possiamo accostarla a quella degli espressionisti ed è quella in cui l'autore si trova più a suo agio, colori vivi e pennellate energiche e decise. Ma, la sua tecnica pittorica gli consente anche di creare sfumature di colore e transizioni morbide che, intrise di emozione e di una profonda introspezione, contribuiscono a esplorare il suo mondo interiore in modo tangibile.

Il murale è una denuncia, ma anche un appello a prendere seri ed urgenti provvedimenti per contrastare il riscaldamento del pianeta. Il problema, è stato ormai più che accertato, dipende so-prattutto dalle attività dell'uomo che immettono nell'aria gas serra, in particolare CO_2. Ma è dovuto anche alla deforestazione e a molte altre attività. Nel disegno si riconosce la figura di Greta, straordinaria ragaz-za che è diventata un riferimento in tutto il mondo per i temi che riguardano l'ambiente.

Nel dipinto si utilizzano metafore per esprimere i concetti più noti. Così, il pianeta terra è posto sopra una pentola alimentata dal fuoco vivo. Al posto dei manici riconosciamo due quadri famosi, "l'Urlo di Munch" e la "Bambina con maschera di morte" di Frida kahlo. L'Urlo di Munch è un quadro a cui è riconosciuta una fede-le interpretazione del malessere contemporaneo, ma è anche simbolo di angoscia e paura. Mentre nel quadro della Kahlo vediamo una bambina che indossa una maschera, che di solito è utilizzata in Messico per la celebrazione della giornata dei morti. Ma la Kahlo va oltre, a terra un'altra e più terrificante maschera rimanda ai suoi aborti volontari.

Il dipinto esprime con forza e disperazione tutto l'orrore ed il senso di colpa che ha tormentato la stessa artista. In basso a destra le ciminiere delle industrie chimiche con la scritta CO_2 e a sinistra quello che resta di una foresta. In risalto, sul pentolone, un tratteggio di Greta Thunberg che tiene in mano un cartello con la scritta "Save the Planet". Sul pianeta terra un orologio ci avverte che il tempo sta per scadere. Il dipinto è un ammonimento al genere umano che dovrebbe provare analogo orrore e senso di colpa per i danni che ha causato al proprio pianeta. L'autore può essere soddisfatto, perché ha realizzato un'opera di grande impatto.»

A cura di *Anita Ghunter*

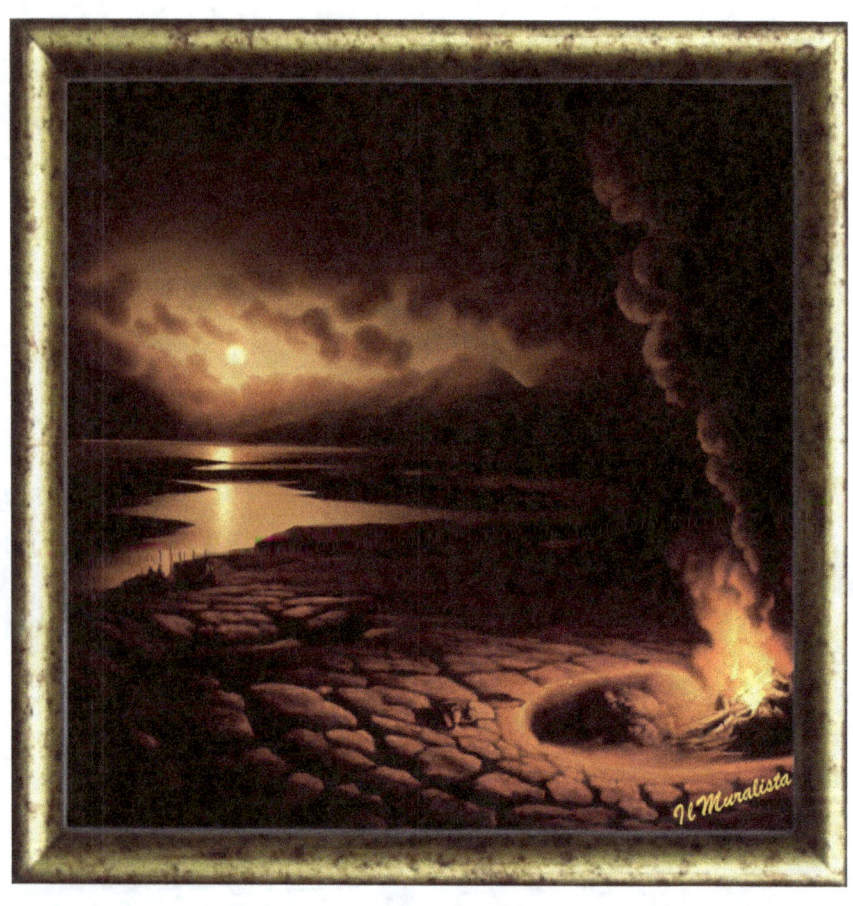

12

RISCALDAMENTO GLOBALE

Il dipinto offre una visione drammatica e inquietante del riscaldamento globale e dei suoi effetti devastanti sull'ambiente. La scena si svolge in un mondo in cui il clima è stato drasticamente alterato. Nel fondo del quadro, vediamo un sole più piccolo e meno luminoso del normale, che emette una luce fioca e pallida, quasi come un incendio morente.

Questa rappresentazione del sole simboleggia il cambiamento climatico e il progressivo indebolimento della nostra fonte di energia vitale. Sotto di esso, c'è un mare che sembra avere acque estremamente calde, con tonalità di rosso e arancione che suggeri-scono temperature aliene e dannose per gli ecosistemi marini. L'acqua così calda, evoca un ambiente ostile per la vita marina. Nel primo piano del dipinto, la terra è completamente arsa e secca, senza alcuna traccia di vegetazione o di vita. Un cratere con fuoco vivo, come una bocca di vulcano in eruzione, domina la scena, sprigionando una colonna di fumo denso e tossico.

La rappresentazione dell'idea di un pianeta Terra che è stato danneggiato irreparabilmente dalle attività umane e dall'aumento delle temperature. Il dipinto offre una visione drammatica e inquietante del riscaldamento globale e dei suoi effetti devastanti sull'ambiente. La scena si svolge in un mondo in cui il clima è stato drasticamente alterato. Nel fondo del quadro, vediamo un sole più piccolo e meno luminoso del normale, che emette una luce fioca e pallida, quasi come un incendio morente.

Questa rappresentazione del sole simboleggia il cambiamento climatico e il progressivo indebolimento della nostra fonte di energia vitale. Sotto di esso, c'è un mare che sembra avere acque estre-mamente calde, con tonalità di rosso e arancione che suggeriscono temperature anomale e dannose per gli ecosistemi marini. L'acqua così calda, evoca un ambiente ostile per la vita marina. Nel primo piano del dipinto, la terra è completamente arsa e secca, senza alcuna traccia di vegetazione o di vita. Un cratere con fuoco vivo, come una bocca di vulcano in eruzione, domina la scena, sprigionando una colonna di fumo denso e tossico. Questo rappresenta l'idea di un pianeta Terra che è stato danneggiato irreparabilmente dalle attività umane e dall'aumento delle temperature. Il cielo è avvolto in nuvole di fumo nero e grigio, che conferiscono un senso di oppressione e disperazione all'intera scena. Queste nuvole rappresentano l'inquinamento atmosferico e gli effetti negativi sull'aria che respiriamo. Nel suo insieme, questo dipinto è un potente richiamo all'urgente necessità di affrontare il cambiamento climatico e di prendere misure decisive per proteggere il nostro pianeta dalla distruzione causata dalle attività umane. È una visione cupa e inquietante del prossimo futuro, che diventerà realtà se non prendiamo urgenti iniziative ed agiamo in modo responsabile nei confronti del nostro ambiente.

A cura di *Anita Ghunter*

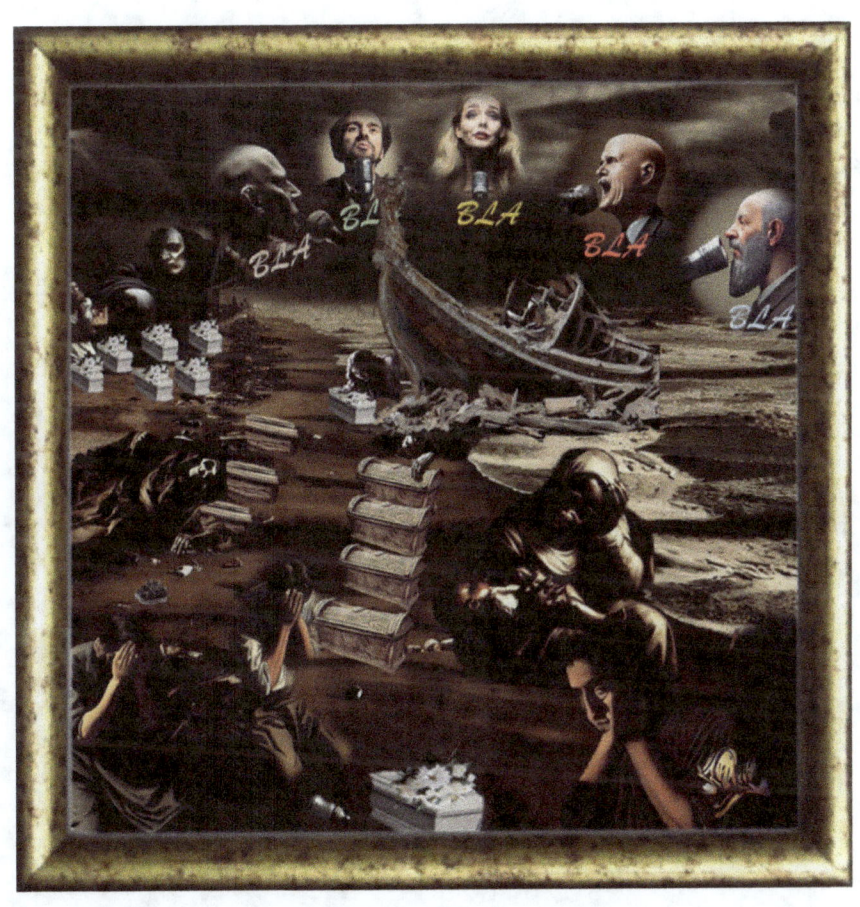

13

NAUFRAGIO DI CUTRO

La realizzazione di quest'opera è stata molto sofferta per Il Muralista. Nel cuore del dipinto emergono numerose bare, alcune candide con sopra un mazzo di fiori bianchi, lasciati dalla popolazione locale che ha voluto condividerne il dolore.

Questo murale contiene il peso di una tragedia insopportabile: ben 86 vite spezzate, tra le quali 35 giovani anime innocenti. Nel centro di questa triste epopea dipinta giacciono i resti di un barcone, icona muta di un'odissea che ha trasceso la speranza stessa e confidato nella compassione umana. In questo contesto di profondo lutto, una madre straziata da una sofferenza oltre ogni misura, senza più lacrime, accanto alla bara bianca che custodisce il suo bambino, disperata si chiede perché? Da ore inginocchiata sulla sabbia della riva, vicino la prua del barcone, implora silenziosamente che le onde possano finalmente portarla via, come se il mare potesse, con la stessa crudeltà che ha rapito suo figlio, portare via anche il suo tormento. Sperimentare la morte di un figlio così giovane e indifeso è una prova disumana, un'insopportabile ingiustizia che strazia il cuore e logora la mente. Ma quando la tragedia travolge un'amorevole e giovane madre, diviene ancor più insostenibile, un dolore toccante che sovverte ogni legge della natura.

Nel quadro, emerge con profonda intensità la disperazione dei sopravvissuti, ma al centro di questa tempesta emotiva si erge una madre di colore, che ne ha subite tante e la cui dignità e coraggio risplendono come una stella in mezzo all'oscurità. I suoi occhi sono pieni di lacrime, eppure il suo abbraccio avvolge ancora amorevolmente il corpo senza vita del suo piccolo, come se la forza dell'amore potesse scatenare un miracolo oltre ogni speranza e, comunque, pur anche consapevole che quegli attimi per lei hanno il significato dell'eternità.

Sulla sabbia, s'intravede appena, giace un biberon, simbolo della buona salute dei bimbi ma che, essendo in questo caso abbandonato, ci riporta alla dolorosa realtà di una giovane vita interrotta prematuramente. In diverse parti del dipinto, la presenza sinistra della "morte" avvolge la scena in un manto nero di tristezza.

Questa rappresentazione artistica, offre uno spaccato agghiacciante dell'impatto della morte in una circostanza così straziante, ma anche un richiamo struggente a una maggiore comprensione, compassione e, soprattutto, cambiamento. In alto, i politici e il loro bla bla bla, volutamente disegnati come robot che ripetono sempre le stesse parole nelle medesime circostanze. Quelli al governo cercano di scartarsi dalle responsabilità e gli altri di approfittare dell'occasione per dare addosso agli avversari.

Nel nostro paese non doveva succedere una cosa simile, non ce la meritiamo, perché non siamo così insensibili e menefreghisti, perché abbiamo un'organizzazione di volontari fra le migliori d'Europa e perché siamo molto meglio di come ci rappresentano i nostri politici. Ma abbiamo la responsabilità di delegare troppo, quindi, siamo responsabili anche noi e questa constatazione mi addolora profondamente.

A cura di *Anita Ghunter*

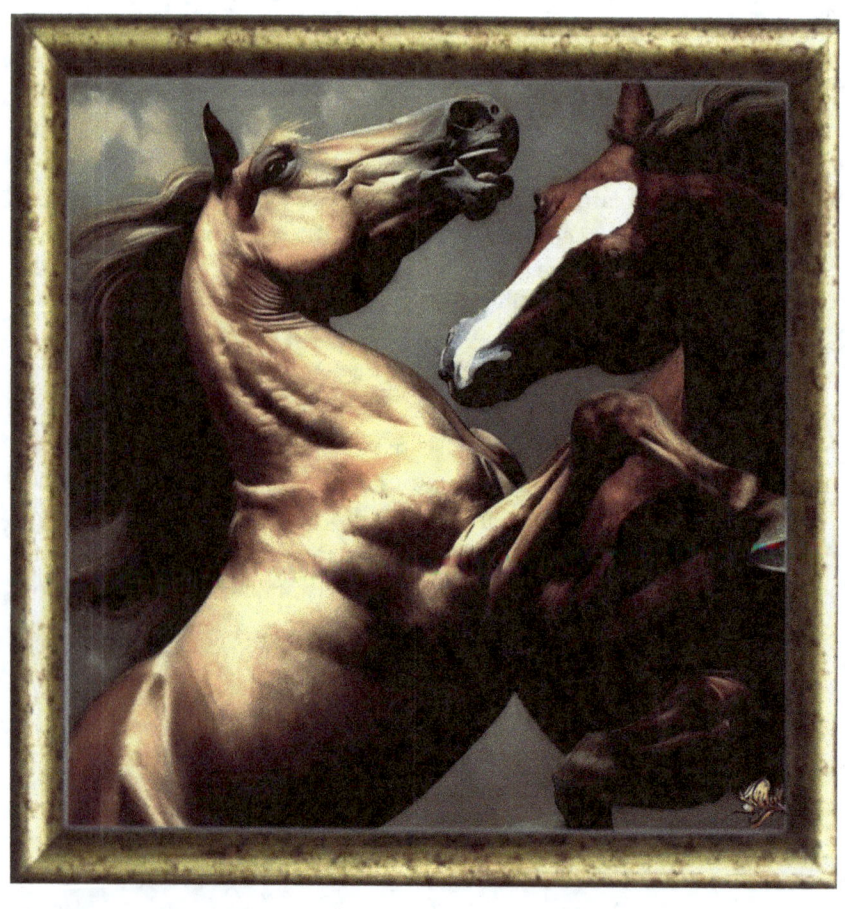

14

LOTTA AL POTERE

L'opera mette in risalto la lotta tra due cavalli maschi per il controllo del branco. Il vincitore avrà tutto e il perdente nulla. Il dipinto cattura l'essenza della lotta per il potere attraverso l'immagine di due maestosi cavalli, i veri signori della prateria, in un duello epico. La scena si sviluppa su uno sfondo di luce particolare, che conferisce un'atmosfera intensamente drammatica all'intera composizione. Al centro dell'opera, emergono due cavalli possenti e mu-scolosi, ognuno di essi con la criniera fluente e lo sguardo ardente. Il primo cavallo è di un marrone chiaro, la sua pelle scintilla come il metallo chiaro di rame sotto la luce del sole. Il suo corpo è la testimonianza della sua forza, ogni muscolo è teso e pronto all'azione. La sua testa è sollevata con determinazione perché vuole imporre la sua volontà.

Il secondo cavallo è un contrasto sorprendente, un magnifico esemplare di color marrone bruciato con striscia bianca sulla testa. La sua postura è altrettanto maestosa, la testa inclinata verso il basso non per sottomettersi, ma in un segno di sfida. I suoi zoccoli affrontano quelli del suo avversario. La lotta sembra essere un gioco di equilibrio, con i cavalli che si ergono sulle zampe posteriori e si sfidano con violenza. Questa rappresentazione straordinaria incarna la lotta per il potere e il dominio, con i due cavalli che rappresentano gli individui o le forze contrapposte che cercano di affermare la propria autorità. La scena è una potente metafora dell'ambizione e del desiderio umano di dominio, che può essere così intensamente competitivo e aggressivo come questa lotta epica tra i due nobili destrieri.

La lotta per il potere è una caratteristica intrinseca dell'essere umano e ha attraversato secoli di evoluzione. Oggi, assume diverse forme, tra cui il potere economico e il potere per apparire o primeggiare, e queste sfere spesso si intrecciano in modi complessi. Il potere economico è diventato uno degli aspetti dominanti del nostro tempo. Le imprese multinazionali, i miliardari e le istituzioni finanziarie detengono una notevole influenza sulla politica, l'ambiente e la società in generale. La lotta per il potere economico può portare a concentrazioni di ricchezza e disparità, ma potrebbe anche stimolare l'innovazione, lo sviluppo e il progresso. Dipende tutto da come questa forma di potere sia esercitata e regolamentata, per garantire che i benefici siano distribuiti equamente e che non si traduca in sfruttamento o ingiustizia. Allo stesso tempo, viviamo in un'era in cui il potere, canalizzato nella sete del voler apparire e primeggiare, è amplificato dai social media e dalla cultura della celebrità. Le persone cercano sempre più di affermarsi attraverso l'immagine, l'attenzione mediatica e la visibilità online. Questo può portare a una competizione costante per l'attenzione e la validazione, spesso basata su criteri superficiali come l'aspetto fisico o la notorietà. Questa lotta per il potere nell'era digitale può avere effetti sia positivi che negativi sulla società. Da un lato, può portare a una maggiore creatività e innovazione, incoraggiando le persone a cercare di distinguersi dagli altri. Dall'altro lato, può anche generare ansia, depressione e una mancanza di autenticità, poiché molte persone cercano di presentare una versione idealizzata di sé stesse online.

In definitiva, la lotta per il potere è una caratteristica della natura umana ed è importante che la società trovi un equilibrio tra il perseguimento del potere e l'etica, esercitando il potere con responsabilità, equità e considerazione per gli altri. Inoltre, sarebbe auspicabile riflettere sul significato del potere stesso e sulla sua vera importanza, per non perdere di vista ciò che è davvero significativo nella vita.

A cura di *Lino Ciggiello*

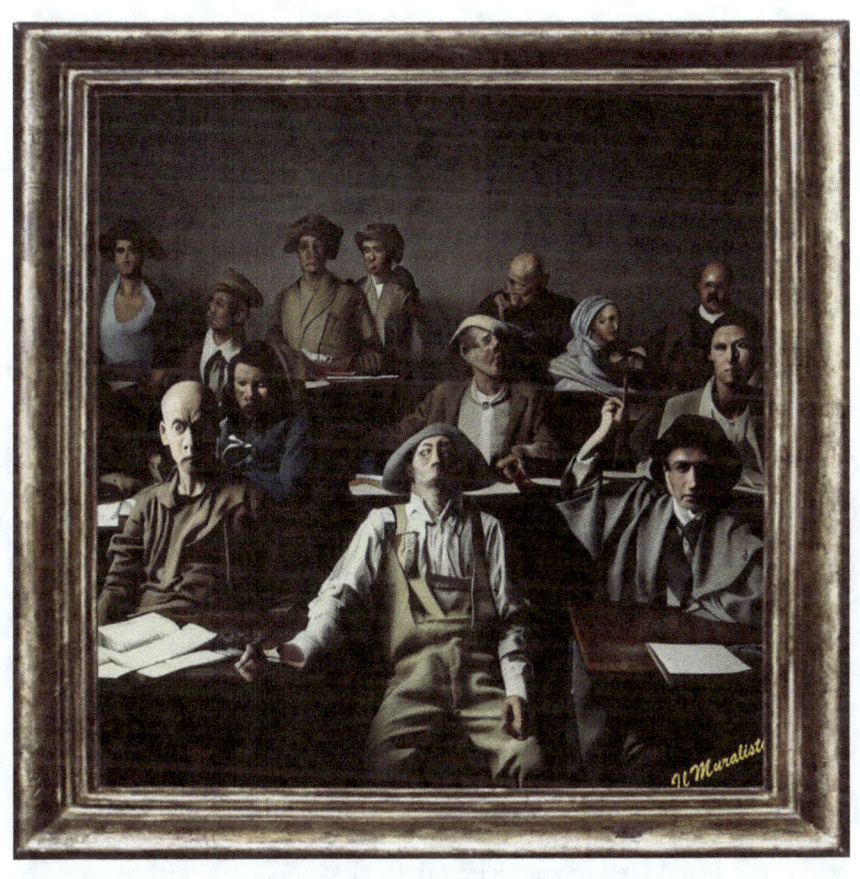

15

CLASSE OPERAIA

Il quadro rappresenta una predizione: "La classe operaia sarà costretta a ritornare sui banchi di scuola". Le facce sono stravolte, distorte, irreali, perché loro non hanno alcuna voglia di studiare! Non lo hanno fatto da giovani, figuriamoci adesso che sono adulti. I colori scuri e il buio del muro di fondo non annunciano nulla di buono, restituendo drammaticità all'opera. Il futuro della classe operaia è oggetto di una continua evoluzione a causa dei cambiamenti nel mondo del lavoro, dell'automazione e dell'introduzione dell'intelligenza artificiale. Questi sviluppi stanno già trasformando le dinamiche dell'occupazione e si prevedono ulteriori cambiamenti significativi nei prossimi anni. L'automazione e l'AI stanno sostituendo sempre più lavori che erano tradizionalmente svolti dalla classe operaia. Attività ripetitive e manuali, come la produzione in fabbrica e l'assemblaggio, stanno diventando sempre più automatizzate. Ciò potrebbe comportare la perdita di alcuni posti di lavoro, ma allo stesso tempo aprire nuove opportunità in settori legati alla tecnologia e alla manutenzione delle macchine.

Con l'evoluzione del lavoro, è probabile che la classe operaia debba adattarsi acquisendo nuove competenze e conoscenze. Il ritorno ai banchi di scuola o la partecipazione a programmi di formazione continua, diventeranno essenziali per rimanere competitivi nel mercato del lavoro. Ciò potrebbe richiedere investimenti significativi in educazione e formazione da parte dei governi e delle aziende. Mentre alcuni settori tradizionali potrebbero subire una riduzione dell'occupazione a causa dell'automazione, altri settori in crescita potrebbero offrire opportunità. Ad esempio, l'assistenza sanitaria, la tecnologia dell'informazione, le energie rinnovabili e la gestione dei dati stanno diventando sempre più rilevanti. La classe operaia potrebbe spostarsi verso questi settori, ma richiederà una preparazione adeguata. In sintesi, il futuro della classe operaia sarà influenzato dalla rapida evoluzione del lavoro e dell'automazione.

Per mantenersi al passo in questo contesto, sarà necessario un impegno continuo nell'apprendimento e nell'aggiornamento delle competenze richieste. Governi, aziende, istituzioni educative e lavoratori dovranno collaborare per facilitare questa transizione e garantire che nessuno venga lasciato indietro nella ricerca di una vita lavorativa significativa e sostenibile.

A cura di Lino Ciggiello

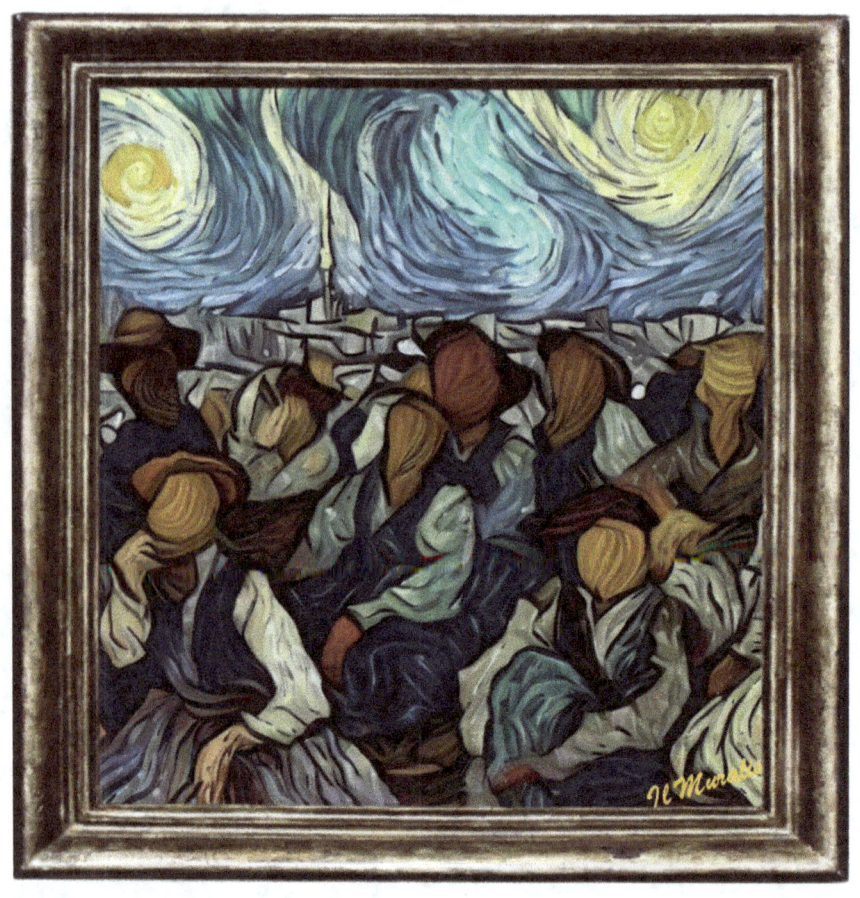

16

CAMPO PROFUGHI

Il dipinto raffigura un campo di profughi in una scena carica di simbolismo ed emozioni profonde. Al centro del quadro, in primo piano, sono disposte numerose persone sedute in riga, tutte con lo sguardo fisso nella stessa direzione. Il loro atteggiamento è rassegnato, e le espressioni dei loro volti sono omesse, privando così i personaggi di una propria identità individuale, a sottolineare la perdita di identità e di dignità che spesso affligge chi si trova in situazioni simili. Queste persone sembrano ascoltare qualcuno al di fuori del campo visivo, il cui volto non è visibile, quasi a rappresentare il potere invisibile che controlla le loro vite e il loro destino. Le istruzioni che ricevono potrebbero essere legate alle procedure del campo o alle direttive relative al loro incerto futuro.

Nel dipinto, emerge chiaramente una sensazione di stanchezza e delusione tra i profughi. Molti di loro hanno perso la speranza, come se si fossero illusi di trovare accoglienza e comprensione in un mondo che, invece, li ha delusi. Il cielo che sovrasta questa scena è altrettanto significativo. In alto, sia il sole che la luna sono visibili contemporaneamente. Il sole è leggermente più grande, suggerendo che la luce del giorno, simboleggiata dal sole, è prevalente rispetto all'oscurità della notte, rappresentata dalla luna.

Questa scelta cromatica potrebbe alludere al fatto che, nonostante le difficoltà e la delusione, c'è sempre un raggio di luce, una spe-ranza che può risorgere. In questo dipinto, l'artista riesce a trasmettere un senso di vulnerabilità, disumanizzazione e disperazione che molte persone affrontano nei campi profughi, mentre allo stesso tempo suggerisce che, nonostante le avversità, la speranza continua a brillare, anche se solo appena.

Recensione a cura di *Sara Chinischi*

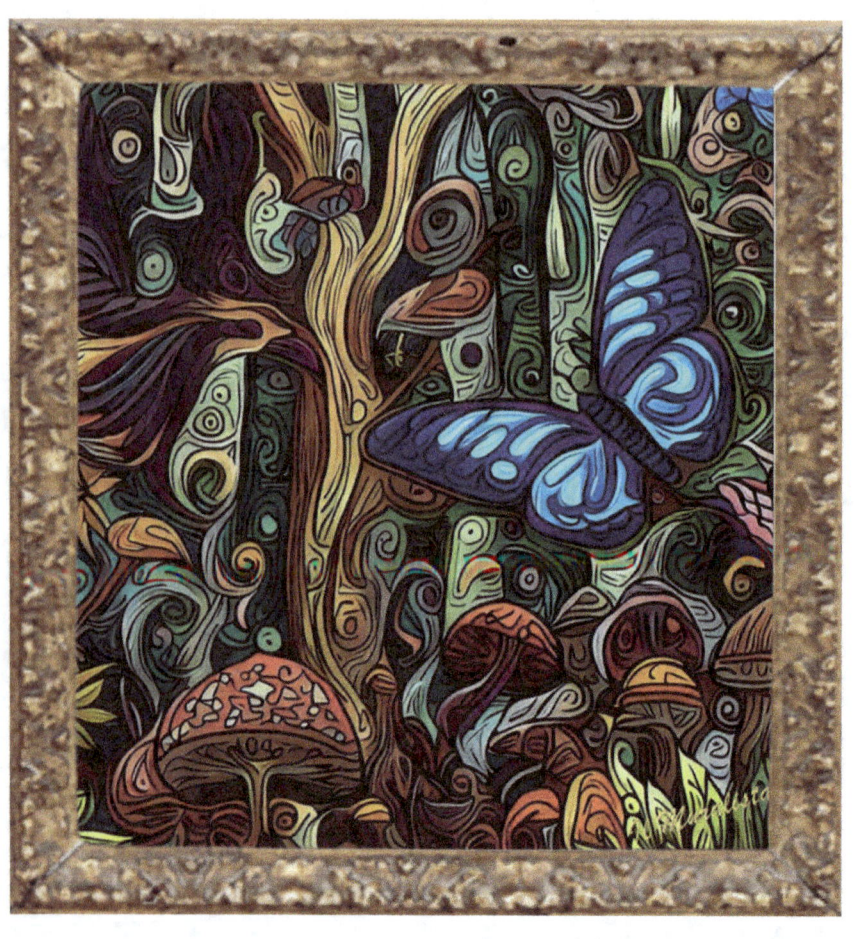

17

BIODIVERSITÀ

Il quadro si presenta come un'opera d'arte che offre una testimonianza vibrante dell'ecosistema terrestre e un tributo alla sua straordinaria biodiversità. Ogni pennellata rivela il concetto stesso della biodiversità, catturando la complessità delle forme di vita che popolano la Terra. Nel cuore del dipinto, un albero maestoso domina l'immagine, simbolo di vita, stabilità e nutrimento per innumerevoli creature. Le foglie di diverse forme e colori che lo circondano rappresentano la vasta gamma di specie vegetali presenti in natura. Quest'albero, una sorta di patriarca, incarna la diversità stessa della vita vegetale, dimostrando quanto sia ricca e variegata. L'ambiente circostante è una sinfonia di vita: dalla vegetazione lussureggiante ai funghi misteriosi, dagli insetti laboriosi agli animali in cerca di cibo.

La tela esplode di colore e luce, con una maestria artistica che mette in risalto la complessità e la bellezza dell'ambiente naturale: la terra, l'acqua e il cielo. Questo quadro, con i suoi colori vibranti e le forme sfocate, evoca un senso di meraviglia e stupore per la ricchezza e la diversità della vita sulla Terra. Guardandolo, siamo spinti a riflettere sulla fragilità di questo equilibrio delicato, e nello stesso tempo, a riconoscere la responsabilità che abbiamo di preservare questa ricchezza inestimabile. L'artista ha creato quest'opera con l'obiettivo di risvegliare la nostra curiosità e la nostra comprensione dell'importanza di questo delicato equilibrio naturale. Inoltre, ci invita a impegnarci attivamente nella conservazione della biodiversità.

Questo dipinto è un richiamo a prendersi cura della natura, a educarci sulla sua fragilità e a lavorare insieme per proteggerla e preservarla per le generazioni future. Una testimonianza della bellezza e della complessità della vita sulla Terra e, infatti, l'opera ci ricorda quanto sia importante difendere la biodiversità.

A cura di *Greta Carena*

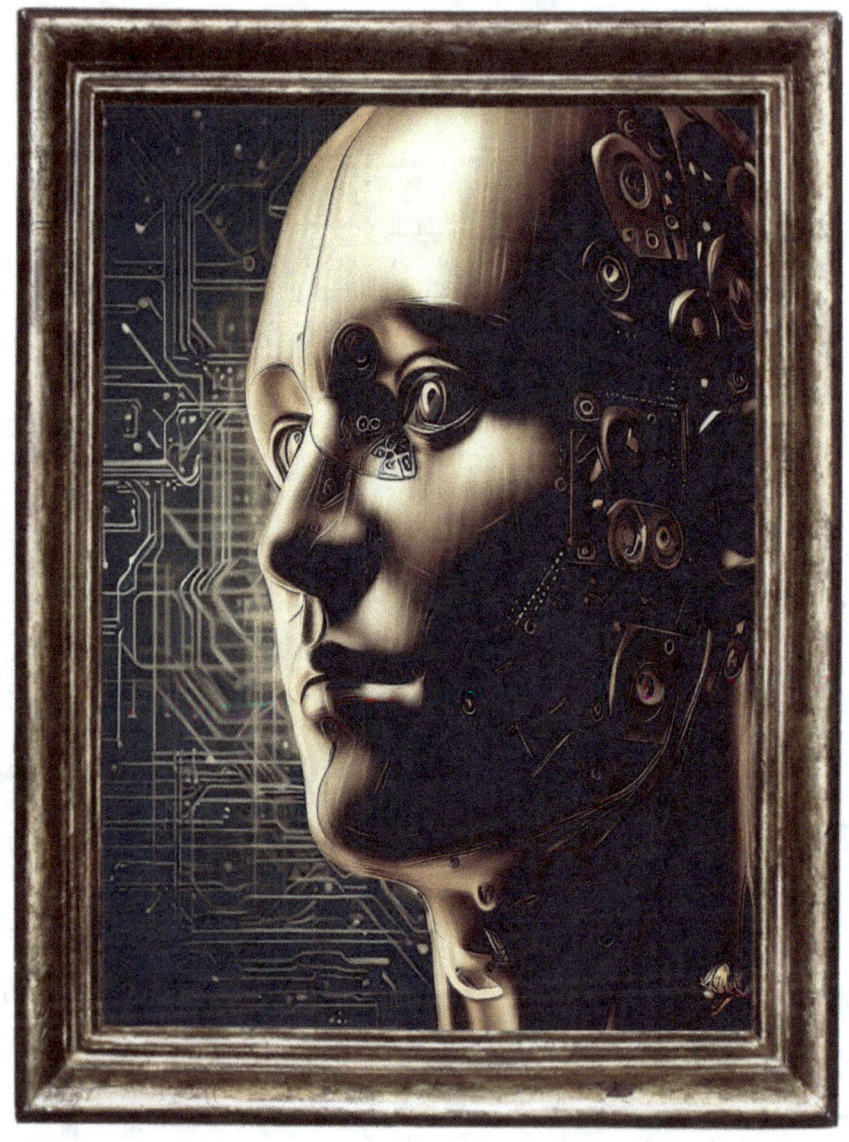

18

INTELLIGENZA ARTIFICIALE

Il dipinto rappresenta una visione particolare della intelligenza artificiale, combinando elementi tecnologici e umani in un'opera d'arte affascinante. Lo sfondo dell'opera è dominato da intricati circuiti elettrici che si intrecciano e si illumi-nano con linee luminose fluorescenti. Questi circuiti sono un tributo all'architettura interna dei computer e dei dispositivi che alimentano l'intelligenza artificiale.

Al centro del dipinto, in primo piano, si trova una testa umana stilizzata e parzialmente trasparente. Questa testa è in parte biomeccanica, con ingranaggi visibili sul lato di profilo, dove normalmente vedremmo il cervello umano. Gli ingranaggi rappresentano il connubio tra l'elemento umano e quello tecnologico nell'intelligenza artificiale. Essi suggeriscono un'interazione simbiotica tra l'uomo e la macchina, enfatizzando come l'AI possa estendere la nostra intelligenza naturale. La testa umana in primo piano è illuminata da un'aura di luce radente, che conferisce un senso di mistero e meraviglia alla scena. Gli occhi dell'entità sembrano brillare, alludendo alla vasta conoscenza e alla potenza dell'AI. Le linee fluide che compongono il viso suggeriscono una sorta di armonia tra il mondo umano e quello digitale.

In questo dipinto, l'artista cattura la complessità e la bellezza dell'intelligenza artificiale, mostrandola come una fusione armoniosa tra la tecnologia avanzata e la mente umana. È un'opera d'arte che invita a riflettere sulla nostra crescente interazione con la tecnologia e sulla possibilità di nuove forme di intelligenza che possono emergere da questa simbiosi. L'artista è fiducioso, ma è anche consapevole, naturalmente, della complessità, i rischi e le implicazioni che essa comporta.

A cura di Nathia Genhia

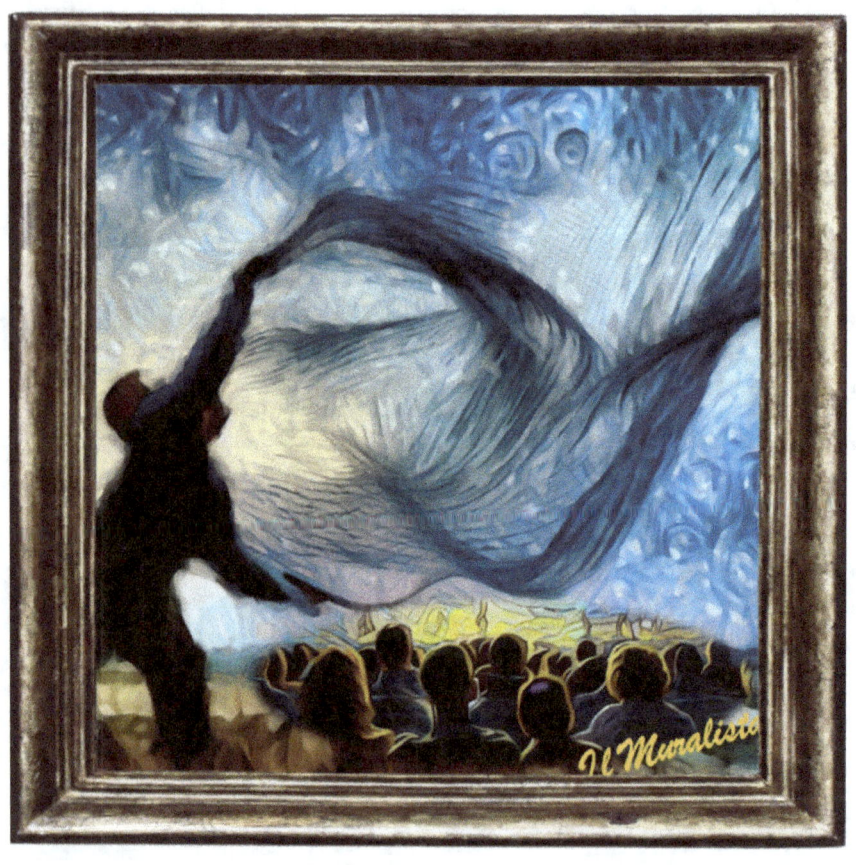

19

LA RETE

Il quadro intitolato "La Rete" offre una rappresentazione potente e simbolica della società contemporanea e del controllo delle grandi aziende tecnologiche sulla nostra vita digitale. L'artista trasmette il suo messaggio attraverso una scena carica di significato. Al centro del quadro troviamo un pescatore, la cui figura è un'ombra sfumata nell'immagine, che rappresenta il suo anonimato e il distacco dalle conseguenze delle sue azioni.

Il pescatore abbandona la sua lenza non nell'oceano, bensì su un gruppo di persone. Questo gesto emblematico riflette il processo di acquisizione di dati personali da parte delle aziende super-tecnologiche, i quali verranno successivamente sfruttati a fini commerciali o di sorveglianza. Le "prede" della rete sono ritratte come individui vulnerabili e inconsapevoli, simboleggianti gli utenti comuni che spesso ignorano come le proprie informazioni vengano raccolte e impiegate. Questa rappresentazione mette in luce il fatto che, in molti casi, le persone ignorano quali siano le implicazioni della loro presenza online.

La vera identità del "pescatore" è camuffata, ma dietro sappiamo che ci sono le grandi aziende tecnologiche come Amazon, Google, Facebook, Microsoft, Alibaba etc. Queste aziende sono i "padroni" della rete e detengono il controllo sulla nostra esperienza online e sulle informazioni che condividiamo su di essa. Il quadro "La Rete" ci invita a riflettere sulla nostra dipendenza dalle tecnologie digitali e sul controllo esercitato dai padroni della rete sulla nostra vita online e non solo. Rappresenta una critica visiva di questa realtà e ci sfida a considerare le implicazioni etiche e sociali di questa situazione.

A cura di *Billi Mele*

20

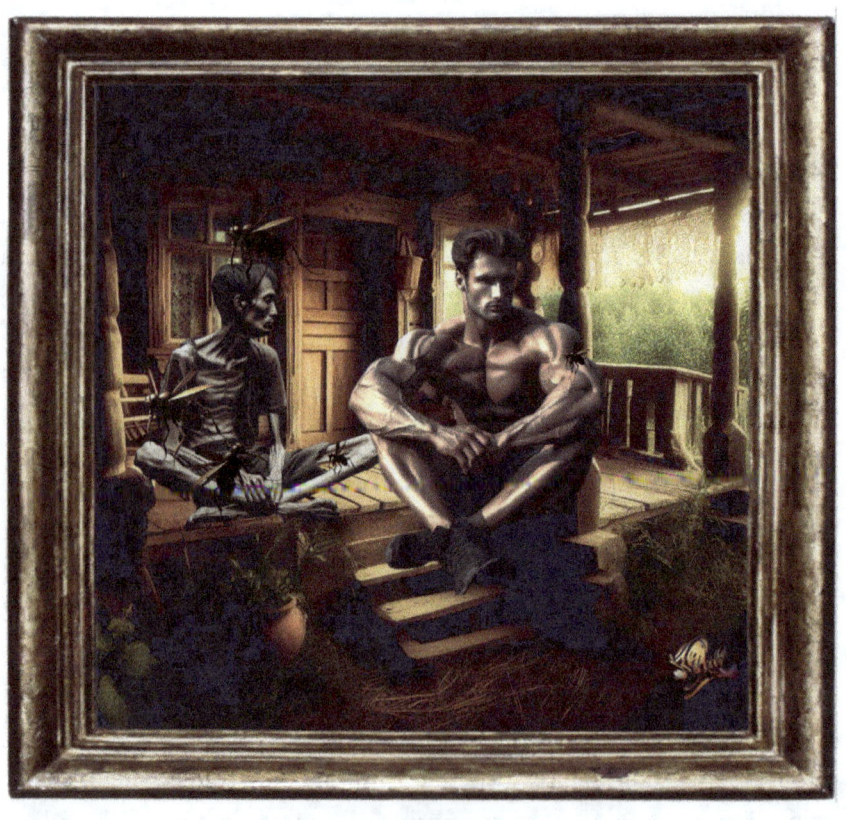

20

SUCCHIASANGUE

Una casa rurale in legno, fuori la natura s'intravede appena. La luce del sole filtra attraverso le fronde degli alberi, creando sfumature di verde e giallo. In primo piano, un uomo muscoloso e potente guarda con noncuranza una piccola zanzara che si è posata sul suo braccio. Non gli dà alcun fastidio. Dietro di lui, un pover'uomo, magro e debilitato, è oggetto dell'attacco di grosse zanzare che lo stanno pungendo senza pietà. Ma lui guarda da un'altra parte, inerme e rassegnato, non si lamenta, come se fosse cosciente di non poterci fare nulla.

Questo dipinto è una potente metafora che fa riferimento alle tasse imposte dallo Stato e ritenute dai più esagerate. Per questo motivo i cittadini gli hanno affibbiato l'appellativo di "succhiasangue". L'uomo magro e debilitato rappresenta i più deboli e indifesi della società, costretti a sopportare un peso sproporzionato rispetto alle proprie risorse. Le zanzare che lo pungono simboleggiano l'oppressione fiscale che colpisce i più vulnerabili e che, rassegnati, sopportano sapendo di non poterci fare nulla.

D'altro canto, l'uomo in salute, giovane e potente, incarna coloro che hanno la capacità di difendersi perché ne hanno i mezzi e possono pagarsi i migliori avvocati e fiscalisti. Addirittura, poi, ci sono i big della finanza e dell'economia che contrattano con i governi l'aliquota delle tasse da pagare, minacciando di spostare il loro centro di profitto in altre giurisdizioni meno onerose e come molte aziende italiane hanno già fatto, comprese quelle che sono cresciute grazie ai contributi dello stato. La piccola zanzara che lo punge rappresenta una tassa relativamente modesta e per niente fastidiosa, poiché il reddito netto di queste persone rimane pur sempre molto elevato.

La chiave di lettura di questo quadro è che nell'attuale società i "potenti" hanno i mezzi per minimizzare l'impatto delle tasse sulla loro vita e non devono affrontare alcun sacrificio. Mentre i più deboli sono costretti a sopportare un carico fiscale sproporzionato rispetto alle loro possibilità. Questo quadro ci invita a riflettere sulla giustizia fiscale, sottolineando l'importanza di un sistema che distribuisca in modo equo il peso fiscale e che, soprattutto, lasci un reddito che permetta ai più deboli di campare dignitosamente.

A cura di Sara Chinischi

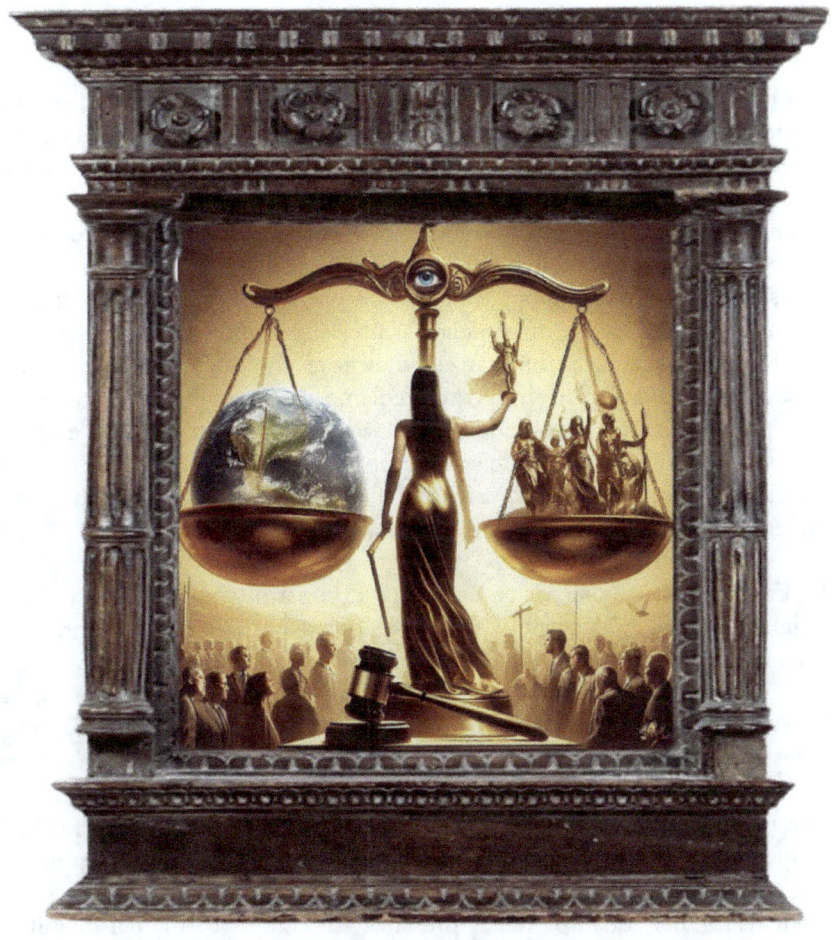

21

DISTRIBUZIONE DELLA RICCHEZZA

Questo quadro offre uno sguardo straordinario e simbolico sulla distribuzione della ricchezza nel mondo contemporaneo. Al centro dell'opera si erge una maestosa bilancia dorata, un simbolo di equilibrio e giustizia. Tuttavia, ciò che emerge in modo drammatico è uno squilibrio profondo tra i due piatti della bilancia, che racconta la storia della disparità economica globale. Su uno dei piatti della bilancia, vediamo un gruppo ristretto di persone, chiaramente rappresentanti dei più ricchi e potenti del mondo. Hanno un'espressione di tripudio, sicurezza e dominio. Questa parte del dipinto rappresenta la minoranza privilegiata che detiene gran parte delle risorse globali. Sul piatto opposto, vediamo il mondo intero rappresentato dal globo terrestre. Il contenuto dei due piatti ha lo stesso peso e, quindi, possiamo desumere che un piccolo gruppo di persone detiene la metà della ricchezza globale. Infatti, si stima che questo gruppo sia composto da solo duemila persone. L'altra metà è detenuta dal resto del mondo.

La rappresentazione visiva è di grande impatto, sottolineando il divario immenso tra i due mondi. Nel cuore del quadro, un'affascinante figura femminile indossa un elegante abito da sera, dorato, che si fonde con il colore predominante dell'intero dipinto. La donna, girata di spalle, simboleggia la bellezza e la ricchezza. La ricchezza è sottolineata anche dall'importanza della stessa cornice del quadro, la porta di un tempio, che rappresenta il potere assoluto. La donna, con un braccio disteso in alto, regge una statuetta in precario equilibrio e che, simbolicamente, rappresenta la difficoltà di organizzare un modello sociale che garantisca una più giusta ed equilibrata distribuzione della ricchezza. Il riferimento al tema della giustizia viene rimarcato nel quadro dalla presenza di un oggetto dal significato inequivocabile, "il martello del Giudice".

Al centro dei bracci della bilancia un occhio indiscreto vigila sulla scena. L'occhio rappresenta la rete internet. Questo dettaglio sottolinea il ruolo cruciale che la tecnologia e coloro che ne sono i padroni giocano nella distribuzione della ricchezza e del potere. La presenza dell'occhio mette in evidenza come la rete internet abbia influito in modo significativo sulla dinamica della ripartizione della ricchezza globale, evidenziando il grande vantaggio di chi detiene il controllo delle informazioni e dei mezzi di comunicazione. Dietro e al disotto della bilancia, volutamente dipinti con colori sfuocati, una moltitudine di persone tristamente rassegnate all'imposizione di un modello economico sociale tipico del peggior si-stema capitalistico. Quest'opera d'arte offre una riflessione visiva intensa sulla di-suguaglianza economica e sulle dinamiche di potere nel mondo moderno. Attraverso simboli e dettagli accuratamente selezionati, il quadro solleva domande importanti sulla giustizia sociale e l'equità nella distribuzione delle risorse globali.

A cura di *Sara Chinisch*

22

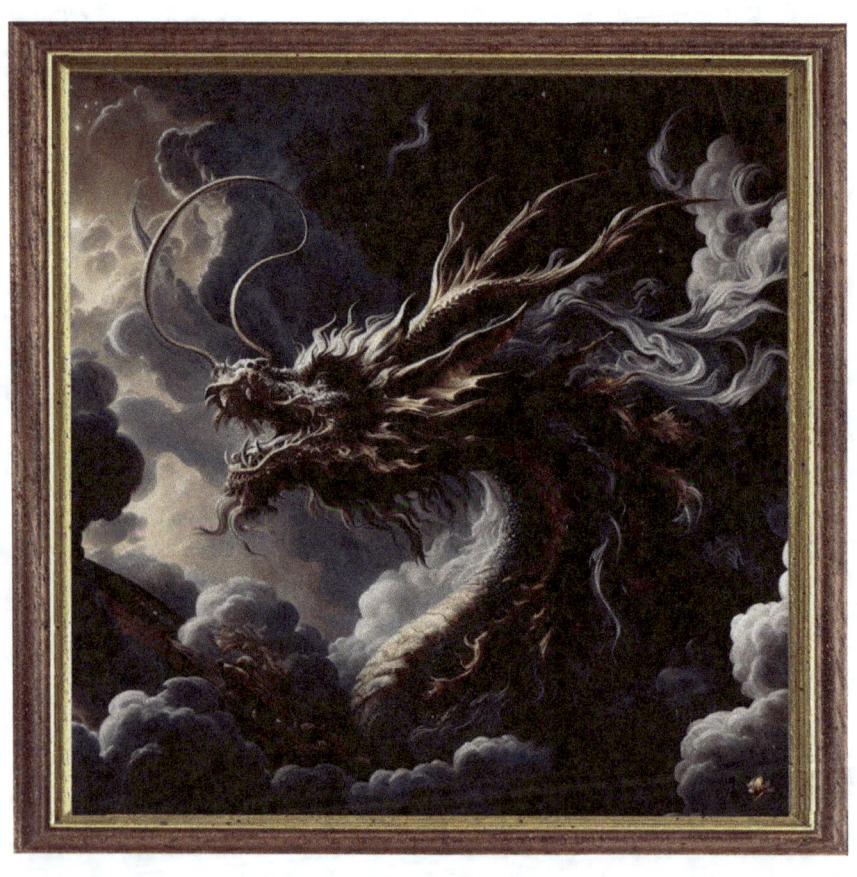

22

IL PREGIUDIZIO

Il quadro presenta uno scenario affascinante e sinistro in cui il fulcro è una testa di drago minaccioso. L'immagine è dominata da un gioco di colori e sfumature che conferiscono una sensazione di oscurità e mistero. La testa del drago, punto focale dell'opera, è raffigurata in modo dettagliato e impressionante. La sua fisionomia è suggestiva di un male antico e potente. Le squame sulla pelle del drago sono intricate e accentuano la sua natura spaventosa. Gli occhi del drago, in particolare, sono profondamente penetranti, con pupille dilatate che trasmettono un senso di malvagità pura. Le fauci spalancate, con denti affilati e gocciolanti, suggeriscono una terribile ferocia.

Il drago emerge da un ambiente avvolto in fumi neri e densi, che contribuiscono a creare un'atmosfera opprimente. Questi fumi scuri avvolgono il drago e si estendono in tutto il quadro, creando un senso di caos e distruzione. Il contrasto tra il nero intenso e la testa del drago crea una forte enfasi sul suo potere malefico. Tuttavia, all'interno di questo scenario di oscurità, spicca una coltre di fumo bianco, che contrasta fortemente con il nero circostante. Questo fumo bianco potrebbe rappresentare una sorta di speranza o resistenza contro il male rappresentato dal drago. La luce e la purezza del bianco possono suggerire un potenziale riscatto o la vittoria sul male. La coltre di fumo bianco, in mezzo a questo cupo scenario, si erge con audacia e fa da contrappunto al nero intorno.

Questo fumo bianco, in contrasto netto con l'oscurità circostante, può essere interpretato come un simbolo di speranza o resistenza di fronte al male incarnato dal possente drago. Il bianco, con la sua luminosità e purezza intrinseca, sembra suggerire la possibilità di contrastare il male. Però, è importante porre sotto la lente d'analisi la nostra percezione del drago come creatura malvagia. Questo ci porta a riflettere sulla questione del pregiudizio, un tema cruciale nella comprensione delle dinamiche umane. Il pregiudizio rappresenta una valutazione preconcetta o giudizio basato su idee preesistenti, esperienze passate o stereotipi sociali. Spesso, il pregiudizio emerge dalla paura dell'ignoto o da concezioni errate che possono essere alimentate da narrativi culturali o sociali. Nel caso del drago, il suo aspetto impressionante e le storie tramandate di generazione in generazione potrebbero aver contribuito a creare un pregiudizio contro di esso.

Tuttavia, è essenziale notare che il drago potrebbe avere le sue ragioni per agire in un certo modo, che potrebbero non essere necessariamente malvage. Potrebbe difendere il suo territorio, la sua progenie o essere vittima di circostanze che non conosciamo. Questo ci ricorda che, in molte situazioni della vita reale, il pregiudizio può portarci a giudicare in modo errato gli altri senza comprenderne appieno le ragioni o le circostanze. Quindi, mentre il fumo bianco può rappresentare una speranza di cambiamento o di redenzione, è importante esaminare attentamente le nostre percezioni e il nostro pregiudizio nei confronti del drago. Forse, se fossimo in grado di superare il nostro preconcetto, potremmo scoprire un aspetto inaspettato di questa creatura e intraprendere un cammino verso la comprensione reciproca e la convivenza pacifica. Questa riflessione ci ricorda quanto sia fondamentale affrontare il pregiudizio nelle nostre relazioni con gli altri e cercare di superare le barriere che esso può creare.

In sintesi, il quadro cattura l'immagine di un male ancestrale e incombente, personificato dalla testa del drago. L'uso del colore, dei dettagli e del contrasto tra il bianco e il nero contribuisce a creare un'atmosfera intensa e suggestiva, mentre il fumo bianco potrebbe rappresentare un'altra verità che offre resistenza contro il male del mondo, oppure, semplicemente, il fumo bianco rappresenta il pregiudizio verso una creatura che non abbiamo mai visto.

Recensione a cura di *Aniello Salvati*

23

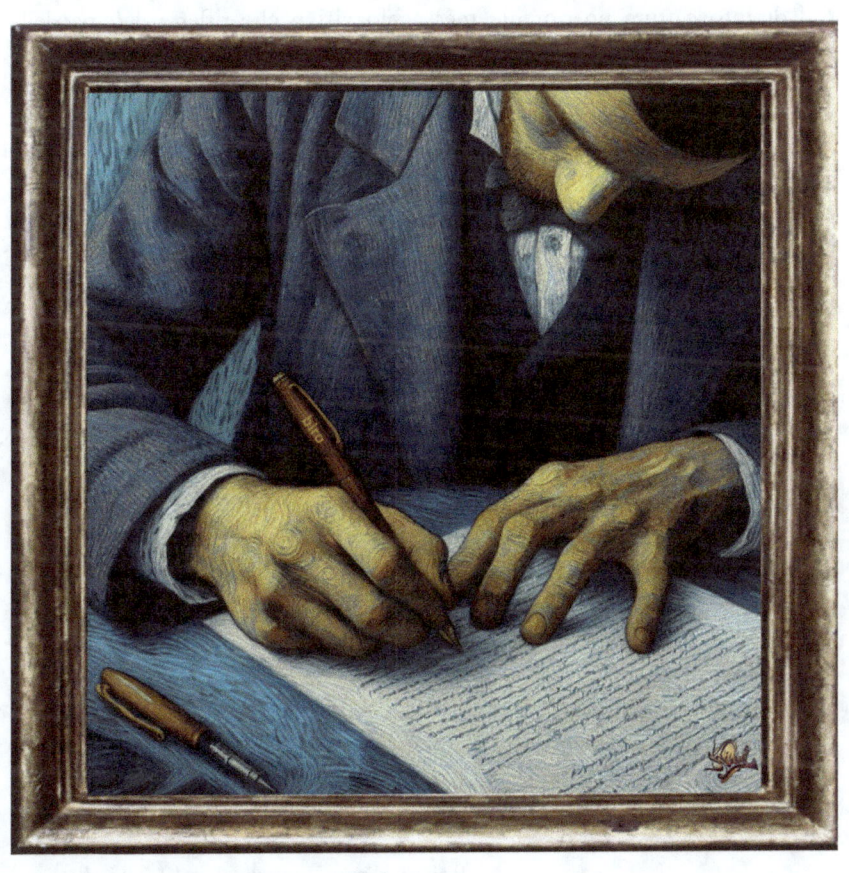

23

BIROCRAZIA

Il dipinto cattura un potente messaggio visivo che riflette il tema della burocrazia e i suoi effetti dannosi sulle imprese e sul progresso dell'intero paese. Nel centro della scena un uomo, forse un imprenditore, seduto a un tavolo nell'atto di firmare un documento con la biro. La sua espressione riflette una combinazione di frustrazione e ironia, poiché sta per compiere un atto che sembra ormai obsoleto e controproducente. Il contesto del dipinto sottolinea l'assurdità della burocrazia moderna. Nonostante la disponibilità di tecnologie avanzate e digitali, che potrebbero rendere il processo di firma di documenti molto più efficiente, l'uomo è costretto a utilizzare una biro tradizionale per mettere la sua firma su carta.

L'artista gioca in modo ironico con il concetto di "burocrazia" associando la firma di un documento con la biro, sottolineando quanto possa sembrare anacronistico e dannoso in un'epoca in cui la tecnologia potrebbe semplificare queste operazioni. Il dipinto trasmette il senso di impotenza e frustrazione che molte persone provano di fronte all'eccessiva burocrazia. Il fatto che l'uomo debba fisicamente recarsi in un ufficio, solo per apporre la sua firma è reso molto bene dall'artista che mette in luce l'inefficienza e l'arretratezza di sistemi burocratici che non tengono il passo con il progresso tecnologico, arrecando danno alle imprese e rallentando il progresso stesso.

Nel complesso, il dipinto sottolinea con sarcasmo e potenza visiva il problema della burocrazia e le sfide che essa presenta nella società moderna, invitando gli spettatori a riflettere sulla necessità di riforme e modernizzazione nei processi ammini-strativi.

Recensione a cura di *Avv. Lucrezia Burocalli*

24

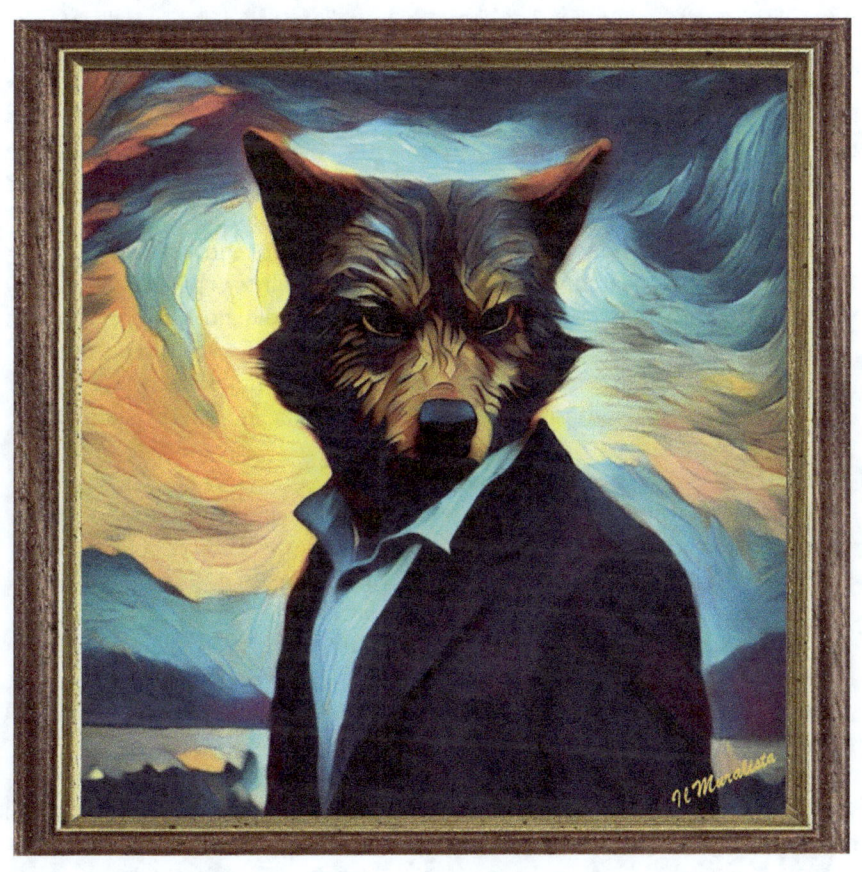

24

L'UOMO LUPO

Il dipinto cattura una scena intensamente simbolica e provocatoria. Al centro della composizione si trova un uomo elegantemente vestito, indossa giacca e camicia. Tuttavia, la caratteristica più sorprendente dell'uomo è la testa di lupo che sostituisce la sua, creando un'immagine ibrida e allo stesso tempo inquietante. La testa di lupo sottolinea la dualità dell'uomo, evocando l'idea che ciascuno di noi possiede una natura selvaggia o animale che spesso viene nascosta o repressa sotto l'apparenza civile e raffinata.

La scelta di fonderne i colori con quelli del paesaggio, in particolare quelli del cielo, suggerisce una connessione profonda tra l'uomo e la natura, sottolineando che non si può separare completamente l'essere umano dall'ambiente che lo circonda. La tecnica pittorica utilizzata per rappresentare la testa di lupo e il cielo sembra seguire uno stile post-impressionista, caratterizzato da pennellate audaci e colori vibranti. La stessa contrasta in modo netto con la tecnica utilizzata per rappresentare il corpo umano dell'uomo, che è reso in maniera realistica, sottolineando la divisione tra la civiltà e la natura.

L'artista evidentemente vuole evidenziare il fatto che il lupo troppo spesso è stato associato all'idea del male, quando in realtà la vera minaccia per l'ambiente e la natura è l'essere umano. L'interrogativo "Chi è più lupo" suggerisce una riflessione profonda sulla relazione dell'uomo con la natura e il suo impatto distruttivo sull'ambiente. L'opera sfida gli spettatori a considerare se l'uomo, nella sua tendenza a dominare e sfruttare la natura, sia in realtà il vero "lupo", la vera minaccia per il mondo naturale.

La dualità rappresentata nel dipinto invita a una riflessione critica sulla nostra percezione storica del lupo e sulla responsabilità umana nei confronti dell'ambiente.

Recensione a cura di *Grazia Volpe*

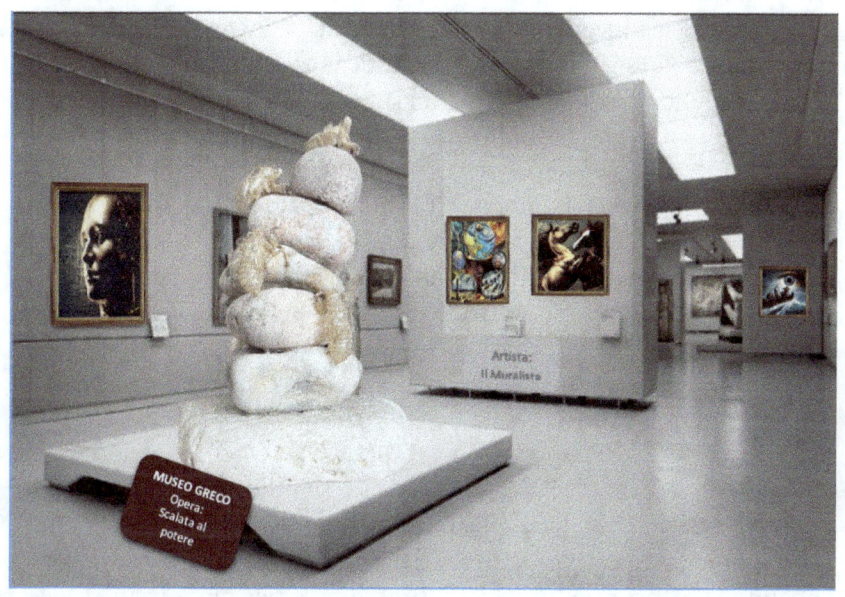

25
SCALATA AL POTERE
Potere al popolo
Non più chiacchiere ma fatti

La scultura in questione è una rappresentazione straordinaria e metaforica del concetto di potere, costruita con pietre impilate una sopra l'altra. Questa composizione artistica offre una prospettiva visiva unica che evoca profonde riflessioni sul potere e sulla sua acquisizione nel tempo.

Le pietre, disposte una sopra l'altra, rappresentano l'accumulo di potere nel corso della storia. La disposizione verticale delle pietre suggerisce una progressione o un'ascesa verso l'alto, evidenziando come il potere sia spesso costruito strato dopo strato, accumulandosi nel tempo. Questo arricchimento progressivo del potere può essere interpretato come una rappresentazione della stratificazione e dell'accumulo di autorità e influenza.

Ciò che aggiunge ulteriore profondità e significato all'opera sono le esuvie di cicala che si arrampicano sulla montagna di pietre. Le esuvie sono ciò che resta dopo la muta della cicala, il momento in cui essa abbandona il proprio involucro precedente per rinnovarsi. Questa metamorfosi è un simbolo di trasformazione e rigenerazione.

La scalata delle esuvie sulla montagna di pietre diventa una potente metafora della lotta per il potere. Indica che, anche in un contesto in cui il potere può sembrare solido e inamovibile, esistono forze che cercano di scalare e rinnovare la gerarchia del potere. Le esuvie, come agenti di cambiamento, rappresentano l'aspirazione a rompere con il passato e a creare nuove dinamiche di potere.

Il sottotitolo dell'opera, "Potere al popolo - Non più chiacchiere ma fatti," sottolinea l'idea che in questo contesto è arrivato il momento di agire concretamente per riprendere il potere da parte di chi più ne ha diritto, anziché limitarsi a parole vuote e alla retorica della rappresentatività. Questo messaggio riflette la necessità di azioni dirette e significative per scalare la montagna del potere e suggerisce che il cambiamento richiede sforzo e determinazione.

In sintesi, questa scultura è una potente rappresentazione visiva del potere e del suo accumulo nel tempo, nonché delle forze di cambiamento che cercano di scalarne la montagna, rappresentate dalle esuvie di cicala. È un'opera d'arte che invita a riflettere sulle dinamiche del potere e sull'importanza di passare dalle parole ai fatti da parte del popolo se vuole avere più voce in capitolo e non una mera rappresentatività che troppo spesso disillude i rappresentati.

L'opera è esposta al museo "Greco", museo di un privato collezionista.

Recensione a cura di *Aniello Salvati*

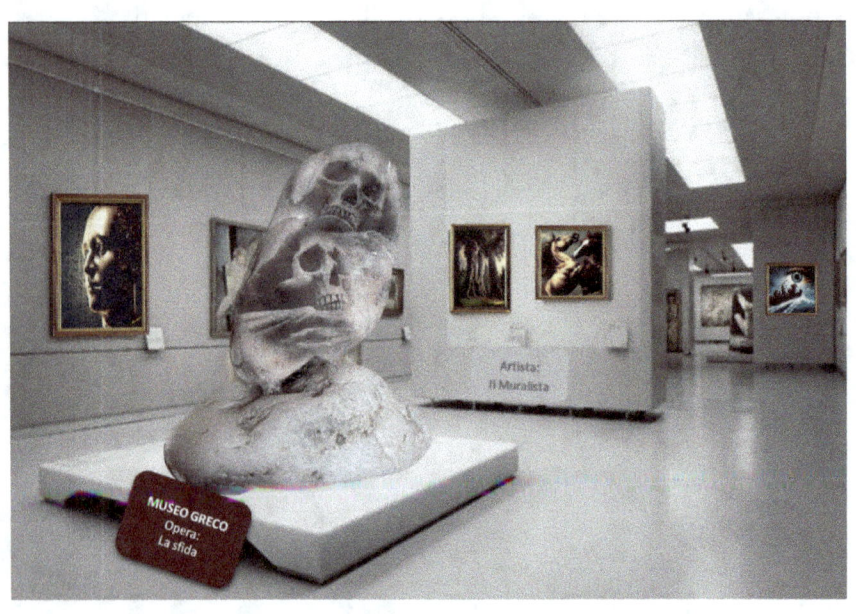

26

LA SFIDA
Sfidano la morte per un futuro migliore

Due pietre a simboleggiare una barca a vela. La scultura cattura l'attenzione con una scena suggestiva che parla di sfida e speranza. Al centro dell'opera, in primo piano, si trova un'imponente pietra che richiama immediatamente l'immagine di uno scafo. La pietra di mare è naturale ma rende l'illusione quasi reale di uno scafo. La forma da l'idea di un'antica imbarcazione che ha navigato attraverso tempeste e mari burrascosi. Come lo sono le pietre di mare, perfettamente levigate dopo anni di pacifica convivenza con le acque del mare.

Ma ciò che rende davvero unica questa rappresentazione è la seconda pietra, posizionata sopra la pietra-scafo a mo' di vela. Questa pietra-vela è scolpita con sorprendente maestria lasciando intatto il bel colore della pietra stessa. I dettagli evidenziano l'immagine di due teschi, simbolo della morte.

Tuttavia, nonostante la sua apparente macabra rappresentazione, la vela di pietra sembra gonfia, spinta dall'immaginario vento che suggerisce un senso di movimento e speranza. Difatti, i due teschi non possono far altro che attendere. Stretti in un forte abbraccio e aggrappati alla vela che è sospinta dal vento, confidano nell'imminente tragedia. La pietra-scafo e la pietra-vela, con i teschi della morte incisi su di essa, rappresentano la lotta e la sfida dei migranti che rischiano la morte in mare per cercare un futuro migliore.

La dura realtà della migrazione, con i pericoli, le incertezze e le difficoltà, è rappresentata dalla presenza dei teschi. Mentre la vela che si alza sopra la pietra-scafo simboleggia il coraggio, la forza di volontà e la speranza che spingono le persone a intraprendere questo viaggio rischioso in cerca di una nuova vita. L'opera incarna un potente messaggio di empatia e comprensione per coloro che cercano un futuro migliore, mettendo in luce il coraggio e la determinazione di chi affronta queste sfide e confida nella compassione degli abitanti dei luoghi che hanno deciso di raggiungere.

Recensione a cura di *Aniello Salvati*

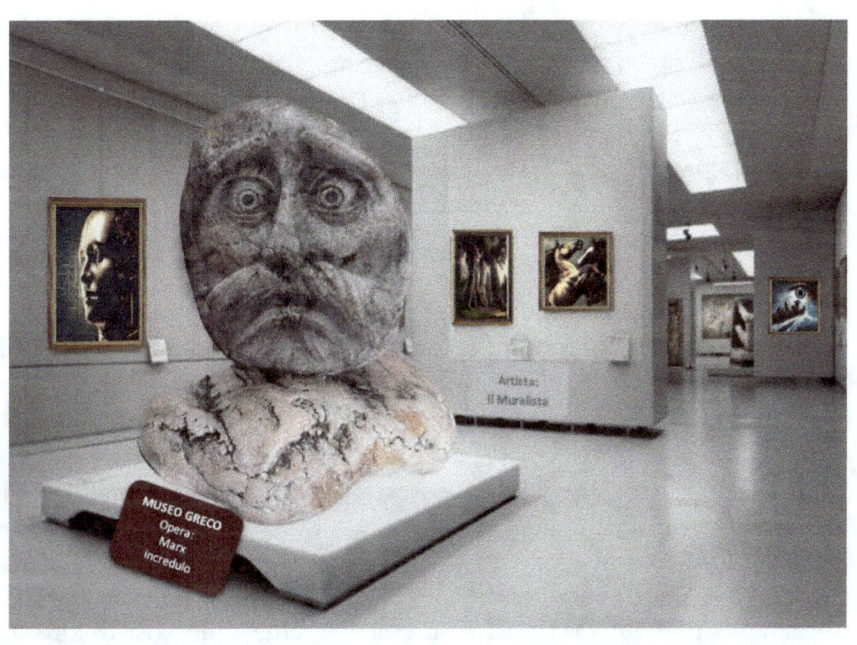

MARX
L'incredulità del filosofo

Questa scultura in pietra è un'opera d'arte straordinaria che trasmette un potente messaggio attraverso la sua complessa rappresentazione. Al centro dell'opera si erge una massiccia pietra di mare, robusta e colorata, che funge da solida base per l'intera scultura.

Questa pietra è molto bella. Ha scanalature e increspature che hanno resistito nel tempo ed evocano l'immagine di fondamenta solide e inalterabili. Sopra questa base di pietra svetta una seconda pietra, altrettanto bella e fiera. Questa pietra superiore è scolpita con grande maestria e rappresenta un volto. Il viso di Karl Marx, scolpita con leggerezza lasciando intatti i colori che si confondono con quelli della pietra, ma anche con incredibile dettaglio ed espressività. Il suo sguardo è fisso in avanti con un'espressione di profonda incredulità e disperazione. I suoi occhi, spalancati, sembrano esprimere profonda tristezza e frustrazione mentre osserva qualcosa che lo sconvolge e lo angoscia profondamente.

La scultura intende trasmettere lo stato d'animo che avrebbe sicuramente avuto Marx di fronte a una situazione così dolorosa e ingiustificabile. L'artista immagina quello che il filosofo avrebbe provato vedendo la sofferenza umana causata da conflitti e guerre. L'espressione incredula sul volto di Marx è anche un richiamo alle sue teorie filosofiche e sociali, sottolineando la sua critica nei confronti delle ingiustizie e delle disuguaglianze. È come se Marx stesse assistendo a un evento che va oltre la sua comprensione, un evento che lo riempie di sgomento, amaro e infelice.

La scultura in pietra è un'opera d'arte che invita gli spettatori a riflettere sulla natura umana, sulla sofferenza e sull'ingiustizia nel mondo. È un'interpretazione visiva potente delle idee e delle emozioni di Karl Marx, catturando la sua profonda preoccupazione per le condizioni umane e sociali, con particolare riferimento, in questo caso, alle sofferenze del popolo Ucraino.

Recensione a cura di *Aniello Salvati*

B – POESIE IN QUADRI

Questa sezione del libro include una serie di dipinti che rappresentano poesie del miglior amico del Muralista. Gli artisti pongono l'attenzione sulle relazioni umane, la solitudine, la paura di vivere, le emozioni, l'incertezza e la precarietà di alcuni lavori, e offrono un'esperienza letteraria e visiva avvincente, che esplora la complessità delle esperienze umane e le connessioni con la natura e il mondo.

Ogni quadro in questa sezione è una rappresentazione dettagliata di una scena di vita quotidiana, che potrebbe raffigurare pescatori che lanciano le reti nell'alba grigia, agricoltori o individui solitari che riflettono sulla propria esistenza. Gli artisti catturano con maestria le sfumature delle emozioni umane, dall'ansia alla gioia, dalla fatica alla solitudine. Accanto a ogni quadro, troviamo una poesia che delinea e arricchisce ulteriormente il significato dell'immagine. Queste poesie trattano le complesse dinamiche delle relazioni umane, esplorando il senso di isolamento e la paura del vivere, ma anche celebrando l'umanità e lo spirito libero.

Le parole del poeta catturano la profondità delle emozioni, riflettendo il lato oscuro e luminoso delle esperienze umane. Le poesie che trattano del lavoro del pescatore e dell'agricoltore evidenziano la connessione tra l'umanità e la terra, sottolineando l'importanza del duro lavoro e della dedizione in queste professioni tradizionali. Queste poesie celebrano la resilienza e la forza delle persone coinvolte in questi mestieri, ma non mancano di riflettere anche sulle sfide che devono affrontare. Altre poesie celebrano la capacità umana di superare le sfide, di esprimere emozioni e di vivere la vita in modo autentico. Esse incitano il lettore ad abbracciare la propria individualità e a perseguire la libertà di pensiero e di azione.

Complessivamente, questa sezione di "Opere d'arte" crea un dialogo profondo tra l'arte visiva e la scrittura, consentendo ai lettori di esplorare le emozioni umane, le relazioni, il lavoro e lo spirito libero attraverso una prospettiva multidimensionale e ricca di significato. Ogni quadro e poesia si fondono per offrire un'occasione di riflessione, invitando il lettore a connettersi con le molteplici sfaccettature dell'esperienza umana.

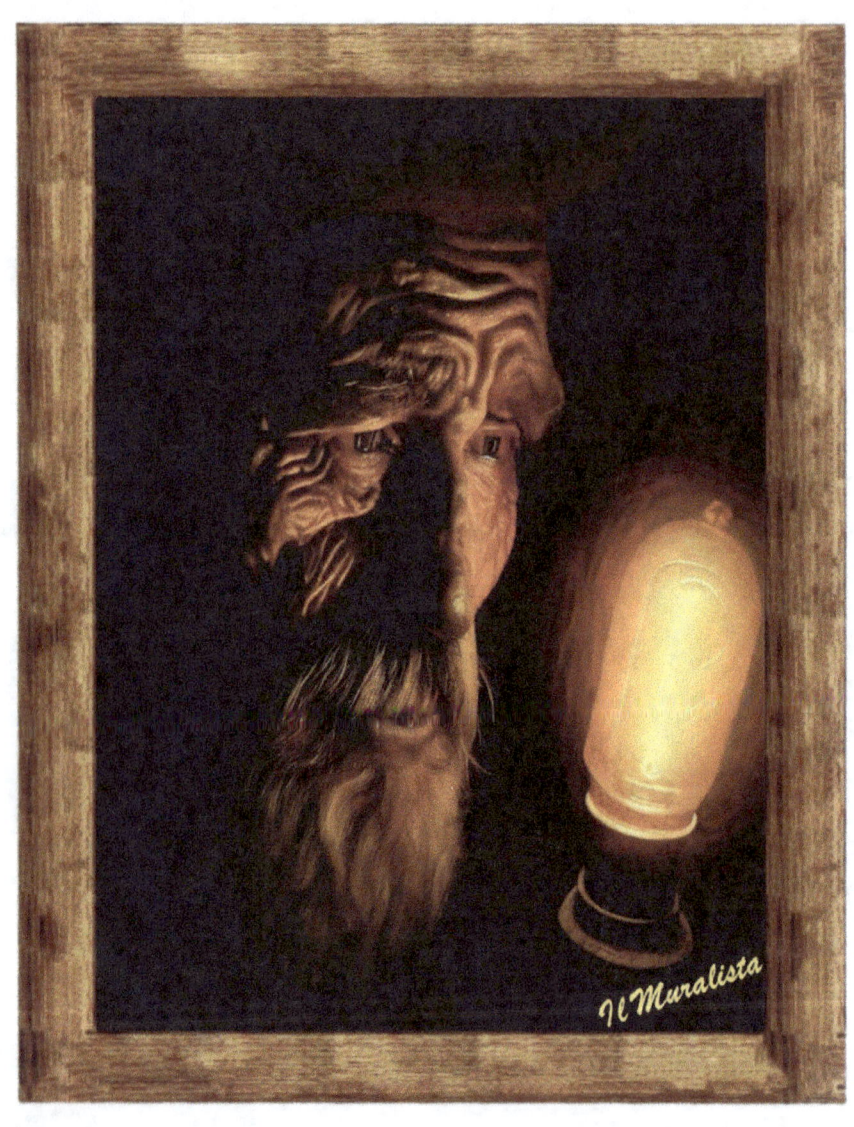

28

LUCE

Il sole li accende
La luna li spegne

Il quadro ritrae una scena toccante e malinconica: la solitudine degli anziani. Lo sfondo dell'opera è dominato da un buio intenso, che simboleggia l'isolamento che avvolge la vita di queste persone, soprattutto di notte. Al centro del quadro un anziano signore con la barba e i segni evidenti dell'età. Le rughe sul suo viso raccontano una lunga storia di vita vissuta. La luce di una lampada è la metafora del sole che tramonta, con un cielo caldo e dorato che si dissolve gradualmente nell'oscurità. È come se questa luce fosse la sola fonte di speranza e conforto per l'anziano.

Il vecchio guarda intensamente verso questa luce nel buio della sua stanza, e nei suoi occhi si legge una miscela di emozioni: nostalgia, desiderio di connessione, una profonda solitudine, ma anche una speranza. La luce della lampada crea un contrasto sorprendente tra la sua solitudine notturna e il conforto che cerca durante il giorno quando il sole splende e gli permette di interagire con altre persone e la natura.

La poesia difatti offre una prospettiva toccante sulla solitudine degli anziani durante la notte, enfatizzando il contrasto tra la presenza sociale durante il giorno, quando il sole li "accende", e la solitudine notturna quando la luna li "spegne". La dualità tra giorno e notte non è solo un ciclo naturale, ma diventa qui un simbolo della vita sociale e della sua assenza. Il sole, rappresentando la luce del giorno, simboleggia l'opportunità di uscire, interagire con gli altri e immergersi nella natura. Dall'altra parte, la luna che li spegne suggerisce la quiete notturna e la solitudine che spesso caratterizza le ore serali, quando le persone anziane possono sentirsi più isolate.

La brevità del testo della poesia contribuisce a concentrare l'attenzione sulla potenza simbolica di questa transizione tra giorno e notte, tra connessione e isolamento. Il quadro e la poesia catturano il dolore della solitudine degli anziani, evidenziando il contrasto tra i momenti luminosi e sociali della loro giornata e le ore buie e silenziose che trascorrono da soli.

Quest'opera d'arte suscita empatia e riflessione sulle sfide che affrontano gli anziani nella società moderna e sottolinea l'importanza di offrire loro supporto e compagnia per alleviarne le pene della solitudine.

Recensione a cura della rivista *"Poeticando"*

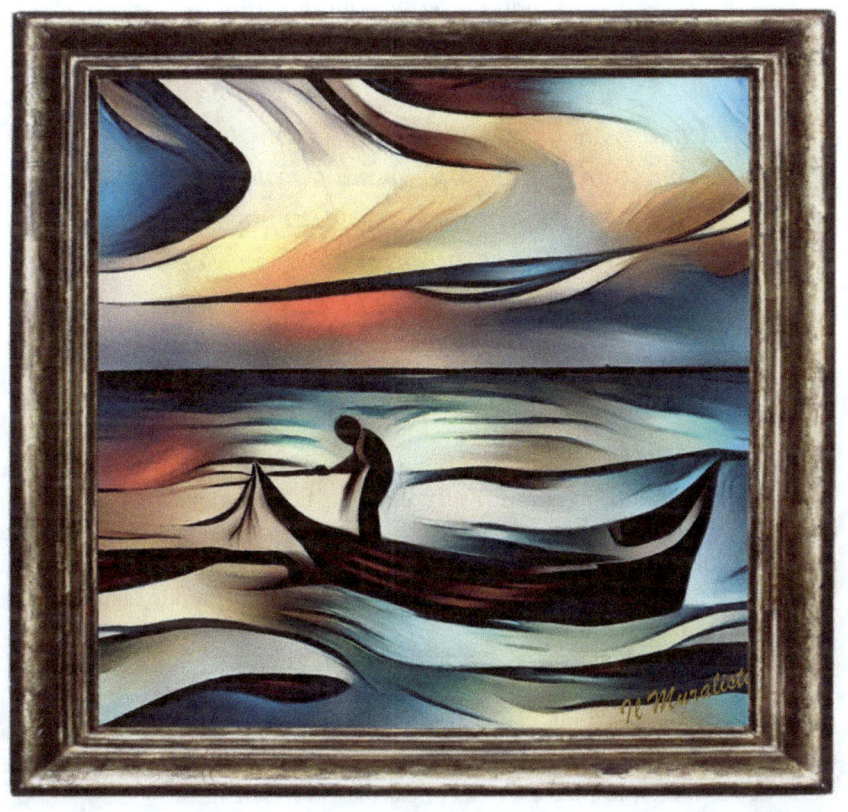

29

UNA BARCA A MARE

Passeggiando mi fermo e guardo il mare
In lontananza le luci di due lampare
Quant'è calmo stasera, anche alla foce
Finalmente fiume e mare hanno ritrovato la pace
Non distante una barca con un pescatore a prora
È stanco, ma non vuole arrendersi proprio ora
Caparbio e pieno di speranza cala di nuovo le reti,
come quel giorno spera che la fortuna si ripeti
Per me è un'immagine, una breve emozione
Per il pescatore è la vita, il successo o la delusione

La poesia segue una struttura semplice ma efficace. Le rime e la metrica sono fluide, creando un ritmo piacevole che riflette l'andamento tranquillo del mare descritto nel testo. Questa coerenza nella struttura aiuta a mantenere il lettore coinvolto nella narrazione. L'autore dipinge vivide immagini del mare e della barca del pescatore, consentendo al lettore di visualizzare chiaramente la scena.

Il riferimento poetico alle lampare e al fiume che si unisce al mare, aggiungono profondità alla descrizione. La tranquillità del mare al tramonto trasmette una sensazione di pace e serenità. La personificazione del pescatore è uno degli aspetti più toccanti della poesia. La sua determinazione e speranza nonostante la fatica rivelano il conflitto umano tra la volontà di perseverare e il peso delle sfide. Questa caratterizzazione rende il pescatore un personaggio empatico, facendo sì che il lettore si identifichi con le sue lotte e aspirazioni.

La poesia tocca le corde emotive del lettore attraverso la rappresentazione della vita del pescatore. Mentre per l'osservatore la scena può sembrare un'istantanea di bellezza, per il pescatore è una lotta quotidiana tra speranza e disperazione. Questo contrasto tra la prospettiva del pescatore e quella dell'osservatore aggiunge una profondità emozionale alla poesia.

Il Muralista cattura nella sua tela l'essenza di quello che nella poesia ha espresso il poeta. Fra i due emerge una profonda sintonia. L'artista sfrutta una miscellanea di colori e una tecnica pittorica moderna per dare vita a un mare che si confonde con il cielo, con l'intento di creare il patos. Il pescatore è curvo in avanti nell'atto di tirare a bordo le reti. Non solo i segni della fatica sono evidenti, ma anche quelli della delusione, la pesca è magra. Ma lui non desiste, è fiducioso, non ritornerà a casa a mani vuote.

In conclusione, "Una Barca a Mare" è una poesia che affascina per la sua capacità di catturare l'essenza della vita e delle sfide umane attraverso una scena marittima pittoresca. Mentre il pittore ha creato un quadro vivido e coinvolgente, trasmettendo non solo la bellezza della natura, ma anche la complessità delle emozioni umane.

Recensione a cura della rivista *"Poeticando"*

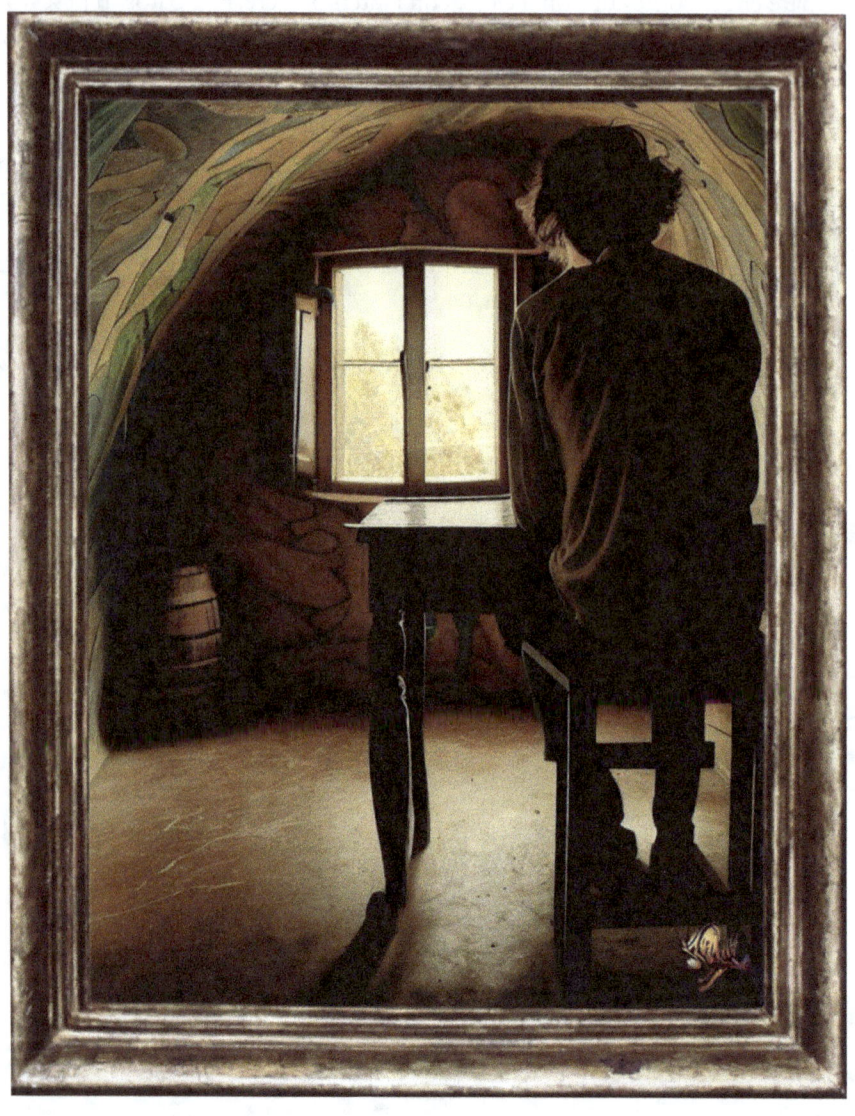

30

RINUNCIA

Non legge per non sapere
Non esce per non vedere
Si è murato dentro per non sentire
Non ama per non soffrire
Non vive per non morire

Il quadro, intitolato "La Rinuncia", è una rappresentazione suggestiva di una scena intrisa di solitudine e introspezione. La tela cattura l'essenza della poesia omonima attraverso un mix di colori tenui e dettagli realistici.

Al centro del quadro, c'è una figura maschile vista di spalle, seduta a un piccolo tavolino posizionato di fronte a una finestra chiusa. L'uomo è ritratto con una postura curva, come se il peso delle sue riflessioni lo stesse schiacciando. Il suo abbigliamento è anonimo, segno della sua rinuncia ai piaceri della vita.

La finestra chiusa e l'uomo visto di spalle sono il punto focale del quadro. La finestra è stata dipinta con maestria, lasciando appena intravedere l'ambiente circostante e la luce del giorno. Le spalle alla porta e la finestra chiusa, simbolizzano la volontà dell'uomo di chiudersi al mondo esterno, evitando qualsiasi contatto con la realtà o le emozioni, che potrebbero portare gioia o dolore.

La stanza in cui si trova l'uomo è piccola e dimessa, sembra una cella ma con decorazioni raffinate e pareti affrescate che amplificano la sensazione di isolamento, come a significare che tutta la sua vita si svolga in quella stanza. Sul tavolino davanti a lui non c'è nulla, poiché ha rinunciato anche a leggere. Non c'è una televisione, né una radio.

La luce soffusa che filtra attraverso la finestra crea un'atmosfera silenziosa e tranquilla, ma anche malinconica. Questo quadro cattura perfettamente il messaggio della poesia "La Rinuncia": un uomo che ha rinunciato a vivere appieno per paura di soffrire, evitando ogni forma di esperienza emozionale.

La rinuncia è rappresentata nel quadro dalla posizione di spettatore dell'uomo seduto e dal senso di solitudine che trasmette la stanza.

La solitudine dell'uomo e la desolazione della scena trasmettono una profonda tristezza e invitano lo spettatore a riflettere sul tema della rinuncia a vivere appieno la vita per paura del dolore.

Recensione a cura della rivista "Poeticando"

31

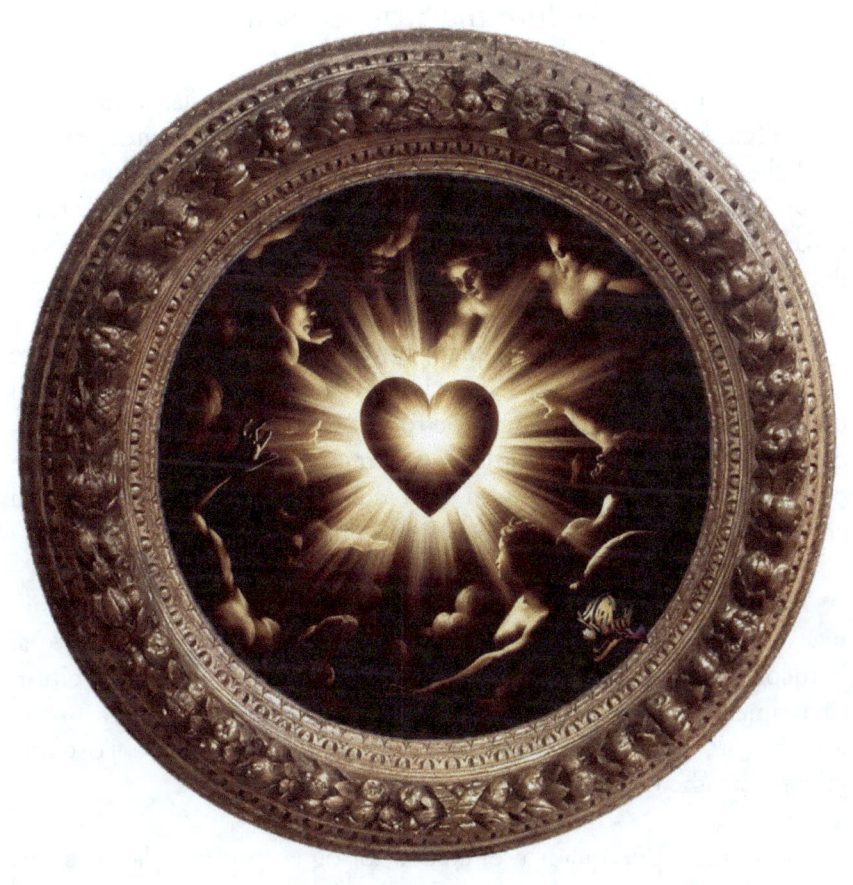

31

EMOZIONE
M'illumino 'ntummenzu

Il quadro intitolato "Emozione", come la poesia, è un'opera straordinaria che cattura lo sguardo e l'animo dello spettatore con la sua bellezza e profondità. Al centro del dipinto, dominante e luminoso, c'è un cuore che irradia una luce accecante. Questo cuore attraversato dalla luce rappresenta il nucleo di fondamentale importanza nella vita di ogni individuo.

Attorno al cuore, nel buio circostante, sono disposte diverse figure umane. Queste figure sono affascinate e completamente attratte dal cuore luminoso, e i loro volti riflettono l'ammirazione e l'importanza che attribuiscono a questo simbolo centrale. Rappresentano le persone che, nel caos e nella complessità della vita quotidiana, sono in grado di concentrarsi sulle cose più importanti, simboleggiate dal cuore.

La tecnica pittorica utilizzata nel quadro richiama l'arte dei grandi maestri del passato, con un'attenzione ai dettagli, ai chiaroscuri e ai particolari delle figure che ricordano le opere dei grandi pittori rinascimentali o barocchi. I colori utilizzati nell'opera sono affascinanti, con il contrasto tra il bagliore del cuore e l'oscurità circostante che crea un effetto visivo straordinario.

La morale del quadro è chiara: bisogna prestare la massima attenzione alle cose più importanti della vita, concentrarsi sul "cuore" delle questioni, anziché disperdersi in dettagli insignificanti o superficiali. È un invito a riflettere su ciò che è davvero essenziale e a trovare la luce e la chiarezza in mezzo all'oscurità.

Il quadro rappresenta la brevissima poesia "Emozione" che nella costruzione richiama alla poesia di Ungaretti che è anch'essa brevissima: "M'illumino d'immenso". Il contesto e il significato, però, sono profondamente diversi. È scritta in dialetto calabrese, il che aggiunge un elemento di cultura e linguistica all'opera.

La scelta di utilizzare il dialetto calabrese in questa poesia è significativa, poiché riflette un legame con le radici e la cultura della Calabria. Il termine "'Ntummenzu" dovrebbe essere composto da due parole: "in" e "mezzo." Tuttavia, l'autore si è preso la licenza di unirle in una sola parola, "'Ntummenzu," per creare un effetto sonoro e ritmico più coinvolgente. Questo aspetto mette in evidenza la forza dell'emozione che l'autore vuole trasmettere attraverso la poesia, sottolineando l'importanza di questo "mezzo" nel processo di illuminazione interiore.

La poesia "Emozione" sembra suggerire un'esperienza di illuminazione o epifania personale, ma in un contesto e con un significato distinti rispetto a "M'illumino d'immenso" di Ungaretti. Mentre Ungaretti esplora il concetto di illuminazione attraverso l'immensità dell'universo, l'autore della poesia calabrese sembra concentrarsi su un'illuminazione più personale e interiore, legata al proprio mondo e alle proprie radici.

In sintesi, il quadro "Emozione" cattura l'essenza di una poesia con un'intrigante combinazione di suoni e significati che differisce notevolmente dalla celebre opera di Ungaretti. Questo dipinto offre uno sguardo approfondito nella cultura e nella creatività dell'autore, mentre cattura il potere dell'emozione e dell'illuminazione interiore.

Recensione a cura della rivista *"Poeticando"*

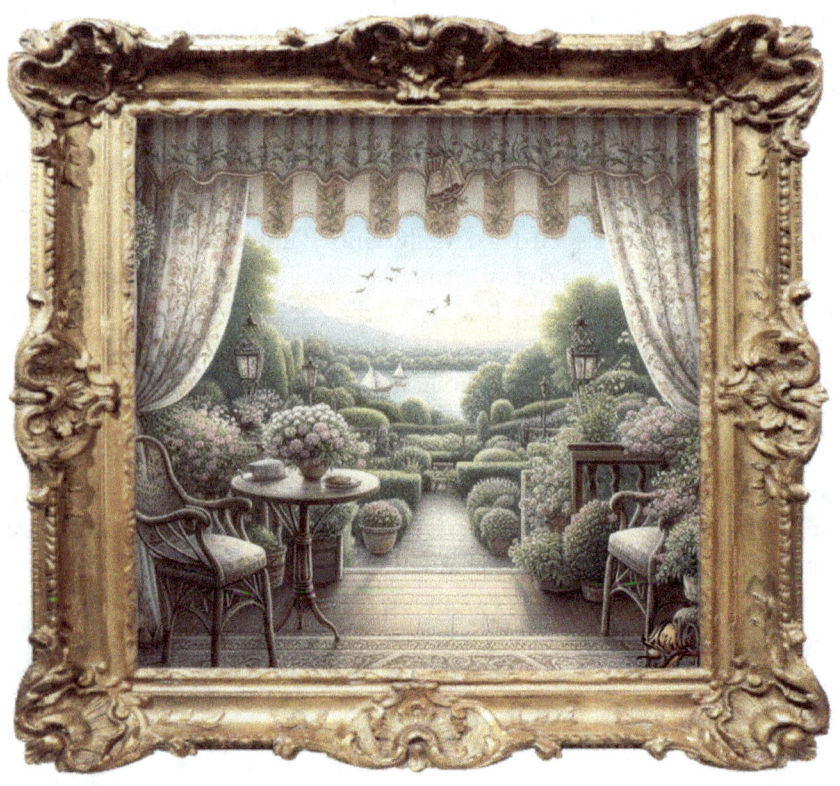

32

SOLITUDINE

Noi, solo adesso abbiamo scoperto
cosa significa stare reclusi.

Loro ci sono da sempre, chiuse in casa da sole.
Ma non per libera scelta, qualcun altro ha voluto così.

Alcune hanno il conforto della TV,
altre nemmeno quello.

Passando in alcune vie della città,
se alzi gli occhi al cielo le vedi.
Chiuse in sé stesse, spiano dai balconi
e dalle finestre la vita fuori.

Nessuno ci fa caso, nessuno se ne interessa, anche se
tutti sanno che la loro esistenza è appesa a un filo.

Ma loro non si lamentano, chiedono poco.
Fiduciose, ogni giorno attendono
una mano gentile che le apra.

Così che possano anche loro, le tende,
ogni tanto riposare.

Il quadro incarna l'essenza di una poesia ironica, dove l'autore si ispira alla frase "tende da sole," ma la reinterpreta in modo creativo, spostando l'attenzione dal concetto di tende che riparano dal sole a tende che sono esse stesse "sole." Da questa riflessione emerge la poesia "Solitudine," una composizione che gioca con le parole per trasmettere una profonda sensazione di isolamento.

Nel quadro, le tende sono il fulcro della scena, eleganti e imponenti, separano il soggiorno da un magnifico giardino. In primo piano, notiamo due poltrone accanto a un tavolino, ma nessuna presenza umana. Questo elemento è fondamentale per cogliere l'essenza dell'opera: il contrasto tra la bellezza del luogo e il palpabile senso di solitudine che pervade l'ambiente.

L'artista è magistrale nel rendere questa dualità. La scena è impeccabilmente ordinata, ogni dettaglio è curato, eppure manca l'elemento umano che normalmente avrebbe dovuto animarla. Questa perfezione ordinata sottolinea un senso di vuoto, di qualcosa di incompiuto, di esperienze non vissute. È come se il tempo si fosse fermato, in attesa di un'intrusione umana per dare vita a questo bellissimo scenario. La solitudine non è solo assenza di compagnia, ma anche la mancanza di esperienze condivise, di vita che animi il luogo.

In questo contesto, il quadro e la poesia "Solitudine" si intrecciano in modo eloquente, sottolineando il potere delle parole e delle immagini nell'arte di comunicare emozioni complesse.

L'opera ci invita a riflettere sulla solitudine, anche in un contesto di bellezza, facendoci percepire la sua presenza in modo tangibile. È un'illustrazione straordinaria del potere dell'arte nell'esplorare i sentimenti umani e comunicare un messaggio profondo attraverso l'estetica e la simbologia.

Recensione a cura della rivista "*Poeticando*"

96

33

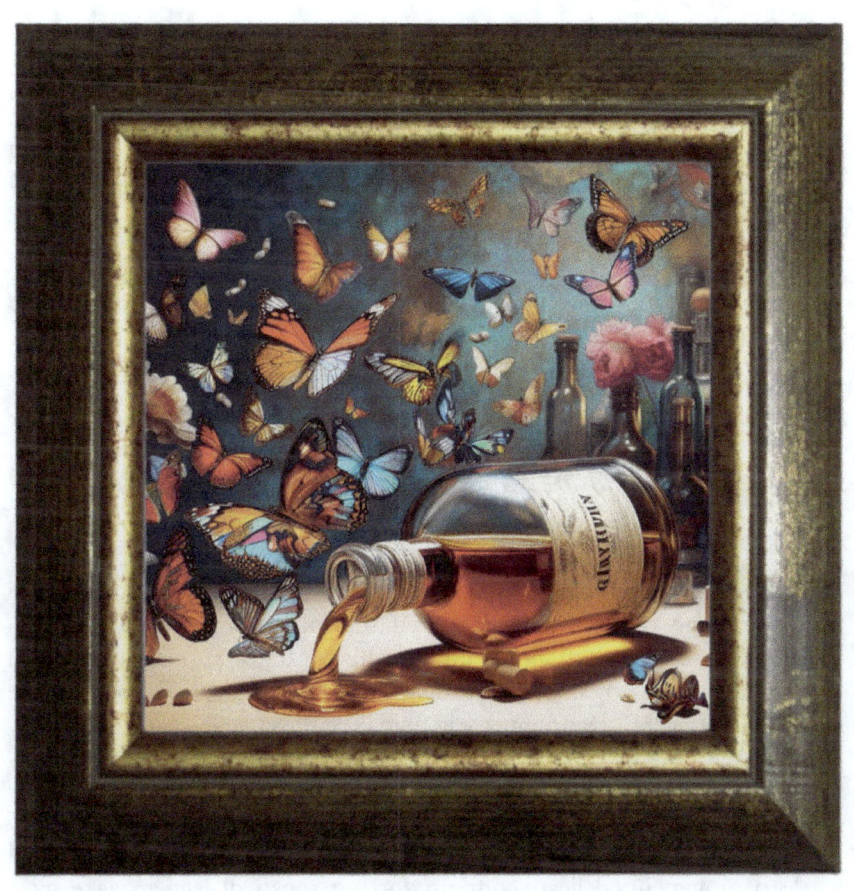

33

SPIRITO LIBERO

Viva le donne e gli uomini dallo spirito libero.

Liberi di pensare senza condizionamenti.

Liberi dalla schiavitù dell'omologazione, delle mode e dei falsi miti.

Liberi dall'educazione troppo formale che,

pur rispettosi gli uni degli altri, allontana e annacqua le relazioni.

Liberi di farsi i fatti degli altri, ma a fin di bene.

Liberi di dichiarare tutto l'amore e l'affetto di cui si è capaci,
senza la paura di essere derisi o fraintesi.

Il quadro "Spirito Libero" è un'opera che cattura l'essenza della libertà di pensiero in modo allegro, poetico e affascinante. Al centro dell'opera, in primo piano, c'è una bottiglia di liquore appoggiata orizzontalmente su un tavolo. Il liquore scorre liberamente dalla bottiglia e cade sul tavolo senza che nessuno intervenga, creando una scia fluida e sinuosa.

Ciò che rende questo quadro davvero magico sono le farfalle coloratissime che svolazzano liberamente nell'aria circostante. Queste farfalle rappresentano la libertà, la creatività e l'apertura mentale. I loro colori vivaci e i loro movimenti delicati conferiscono un senso di leggerezza e gioia all'opera. Il messaggio del quadro è profondo: il liquore, fatto di alcol, detto anche spirito, che fuoriesce dalla bottiglia simboleggia lo "spirito libero", ovvero la capacità di esplorare nuovi orizzonti, abbracciare idee non convenzionali e vivere la vita in modo autentico. Le farfalle che gli volano intorno rappresentano la libertà di pensiero, l'apertura a nuove idee e l'abbattimento delle barriere mentali.

Il quadro è una rappresentazione visiva della poesia "spirito libero", catturando l'essenza dell'individualità e della creatività che prosperano quando il pensiero è libero di fluire senza restrizioni. È un'opera d'arte che ispira ad abbracciare la propria autenticità e ad esplorare il mondo con il cuore aperto. La poesia "Spirito Libero" esprime con forza un inno alla libertà, mettendo in luce il valore della libertà di pensiero e la resistenza all'omologazione. L'autore celebra donne e uomini "dallo spirito libero," coloro che sono capaci di pensare in modo indipendente e non subire condizionamenti esterni. Questo invito alla riflessione è profondamente radicato nella filosofia della libertà individuale. La poesia critica la schiavitù dell'omologazione, delle mode e dei falsi miti che spesso imprigionano le persone in comportamenti convenzionali.

La poesia chiama alla ribellione contro questi vincoli, spingendo i lettori ad abbracciare la propria individualità e a non temere di essere differenti dagli altri. Questa celebrazione dell'unicità umana è un richiamo all'autenticità e alla ricchezza della diversità. Inoltre, la poesia esprime una critica all'educazione troppo formale che, sebbene possa essere rispettosa degli altri, può inavvertitamente rendere più superficiali le relazioni. Questa parte della poesia sottolinea l'importanza di connessioni umane sincere e autentiche, piuttosto che la conformità cieca alle norme sociali.

L'autore enfatizza l'importanza di preoccuparsi degli altri e di diffondere amore e affetto senza paura di giudizi o fraintendimenti. Un invito ai lettori a essere aperti nelle loro relazioni e ad esprimere i propri sentimenti senza inibizioni. Complessivamente, la poesia e il quadro "Spirito Libero" sono un elogio alla libertà individuale e all'autenticità. Incita i lettori a sfidare le aspettative sociali e a vivere la propria vita in modo vero, onesto e aperto. È un richiamo a coltivare una mentalità aperta, a essere empatici e ad abbracciare la diversità, riconoscendo che la vera libertà deriva dalla capacità di essere sé stessi senza paura del giudizio altrui.

Recensione a cura della rivista *"Poeticando"*

34

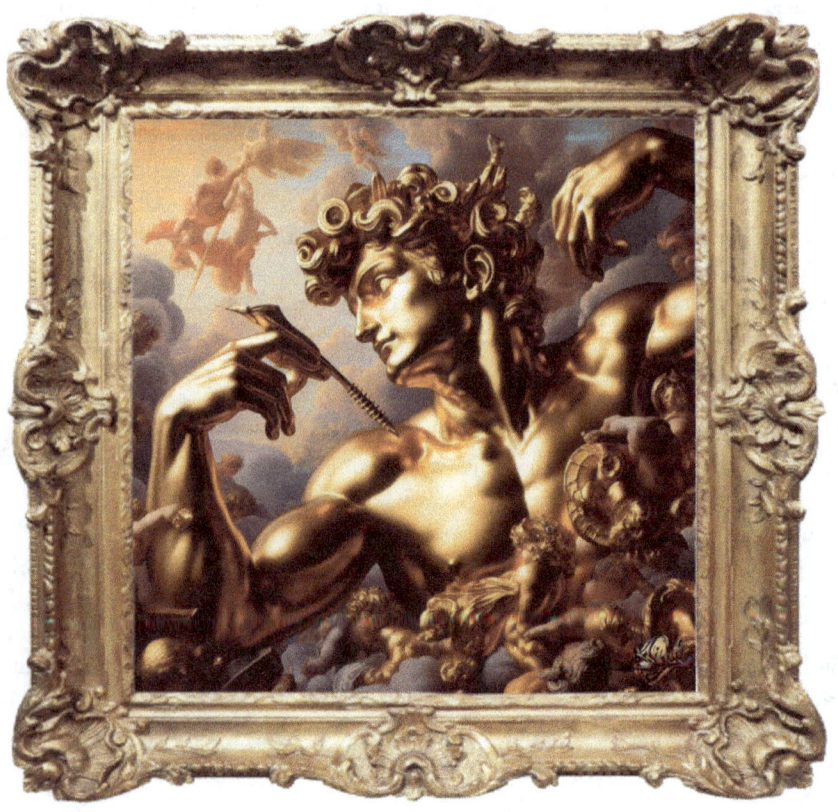

34

LA VITE

Di Come vivere la mia vita sceglierò io il modo

Ecco, voglio essere come una vite senza dado

Perché non voglio essere guidato passo passo

Né, tantomeno, essere bloccato come un sasso

Voglio sbagliare da me e non cercherò alcuna attenuante

Ma voglio essere libero

Come una vite autofilettante.

Questo quadro è un'opera d'arte interessante che cattura l'essenza della poesia intitolata "La Vite". Il dipinto è ricco di luce e colori celestiali, dove ogni dettaglio è stato reso con cura e maestria. Al centro del quadro, c'è un mezzo busto di una figura simile al David di Michelangelo, ma con una notevole differenza: è tutto d'oro. La figura tiene in mano una vite autofilettante dorata. Questa vite è il simbolo dell'autonomia e dell'indipendenza, rappresentando la capacità di "autofissarsi" senza bisogno di essere guidata o bloccata da un dado, bullone. È un simbolo di libertà e autodeterminazione.

Intorno a questa figura centrale, ci sono figure angeliche che sembra siano lì a venerare il soggetto principale. Queste figure conferiscono un'atmosfera celestiale all'opera, suggerendo che la decisione di vivere la propria vita in modo indipendente è qualcosa di nobile e ispirato. Dentro l'intricato intreccio tra parole e colori, il quadro e la poesia danzano in armonia, tessendo una narrazione profonda di scelta, libertà e autodeterminazione. La poesia che si erge dietro l'opera offre un ritratto commovente di un individuo che abbraccia la propria esistenza con determinazione e indipendenza. La scelta di vivere la vita come una "vite autofilettante" è metaforica e potente.

La figura poetica decide di affrontare il percorso della vita senza essere vincolata da rigide guide o restrizioni, desiderosa di abbracciare gli errori come parte integrante del proprio viaggio. Il dipinto cattura l'essenza della poesia in un vortice di colori e linee. La figura dorata al centro emerge come il fulcro della composizione, simbolo tangibile del coraggio di scegliere, di muoversi lungo un percorso unico. I pennelli dell'artista danno vita alla visione poetica, mentre la tavolozza di colori sottolinea l'energia vibrante della libertà.

Insieme, il quadro e la poesia diventano un messaggio trascendente di libertà individuale. La poesia ispira il dipinto, che a sua volta amplifica le parole, creando un'esperienza unica e coinvolgente. Quest'opera invita il fruitore a riflettere sulla bellezza e la potenza di abbracciare la vita con audacia, di scegliere il proprio destino senza timore, incarnando il coraggio di essere sé stessi in ogni sfumatura della vita.

Recensione a cura della rivista *"Poeticando"*

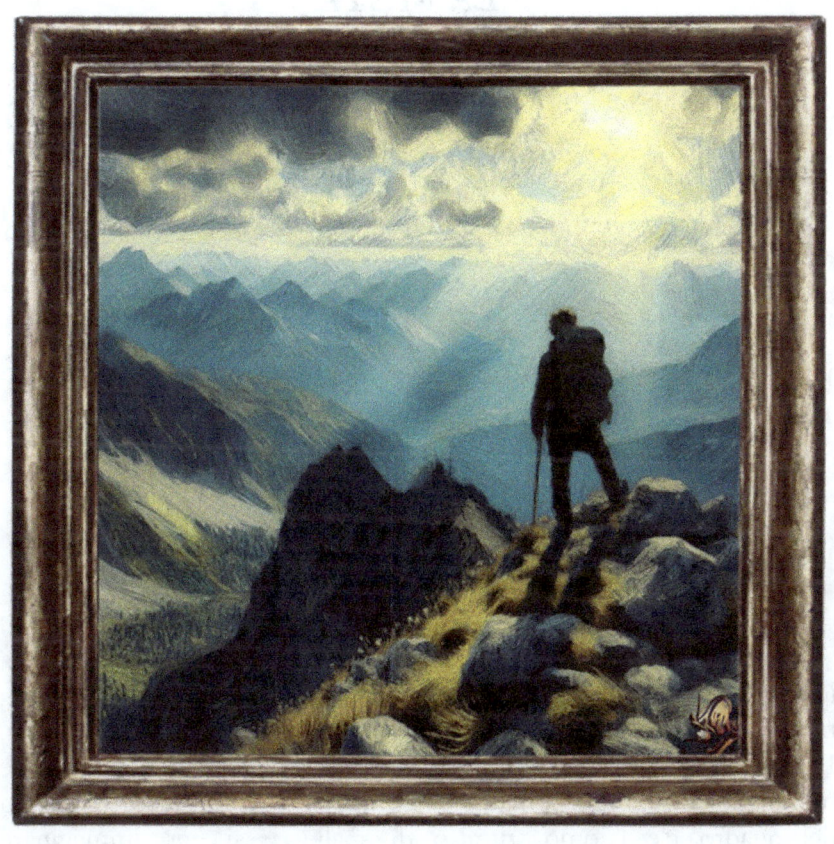

35

LA META

Dopo l'ultimo passo, spossato ma felice, in cima mi fermo.

Mi volto indietro e ammiro, estasiato e stupito.

Alzo gli occhi al cielo e sospiro, socchiudo gli occhi e sorrido.

Quello che è stato, adesso è mio.

Scolpito per sempre nella mia memoria:

la fatica, la paura, la speranza, lo stupore e la certezza.

Sono arrivato.

Il quadro cattura l'essenza della poesia "La Meta". In questa immagine, vediamo un uomo che ha raggiunto la vetta di un maestoso monte, dopo aver affrontato il suo viaggio con tanta fatica e incertezza. Il paesaggio circostante è selvaggio e spettacolare, con le cime delle montagne che si ergono maestose contro un cielo azzurro. Al centro del quadro c'è l'uomo, ritratto di spalle, e si può immaginare l'espressione di pura soddisfazione e gioia sul suo volto.

Ha raggiunto la cima dopo aver affrontato sfide e paure lungo il percorso, ma ora è spossato ma felice. Il suo sguardo è rivolto verso il sole e, con un gesto di ammirazione e stupore, si volge a guardare indietro il sentiero che ha percorso.

Il sole è un elemento chiave nel quadro: un sole luminoso e radiante sorge all'orizzonte. I suoi raggi illuminano la scena e il protagonista, creando un'atmosfera di trionfo e riscatto. L'uomo alza gli occhi verso il cielo, li socchiude per proteggerli dalla luce accecante e sorride con gratitudine e gioia in un momento di contemplazione e di realizzazione. L'uomo sa che ciò che ha vissuto durante il suo viaggio sarà scolpito per sempre nella sua memoria.

Il paesaggio intorno a lui mostra la bellezza selvaggia della natura, con montagne imponenti e cielo sereno. Questo dipinto rappresenta il culmine di una lunga e impegnativa avventura e trasmette il messaggio che, nonostante la fatica e la paura, il raggiungimento della meta è un momento di pura gioia e certezza.

L'uomo è finalmente arrivato, e la sensazione di conquista e realizzazione è palpabile in ogni dettaglio del quadro. Poesia e quadro lavorano all'unisono per trasmettere il messaggio che il poeta e l'artista hanno immaginato.

Recensione a cura della rivista *"Poeticando"*

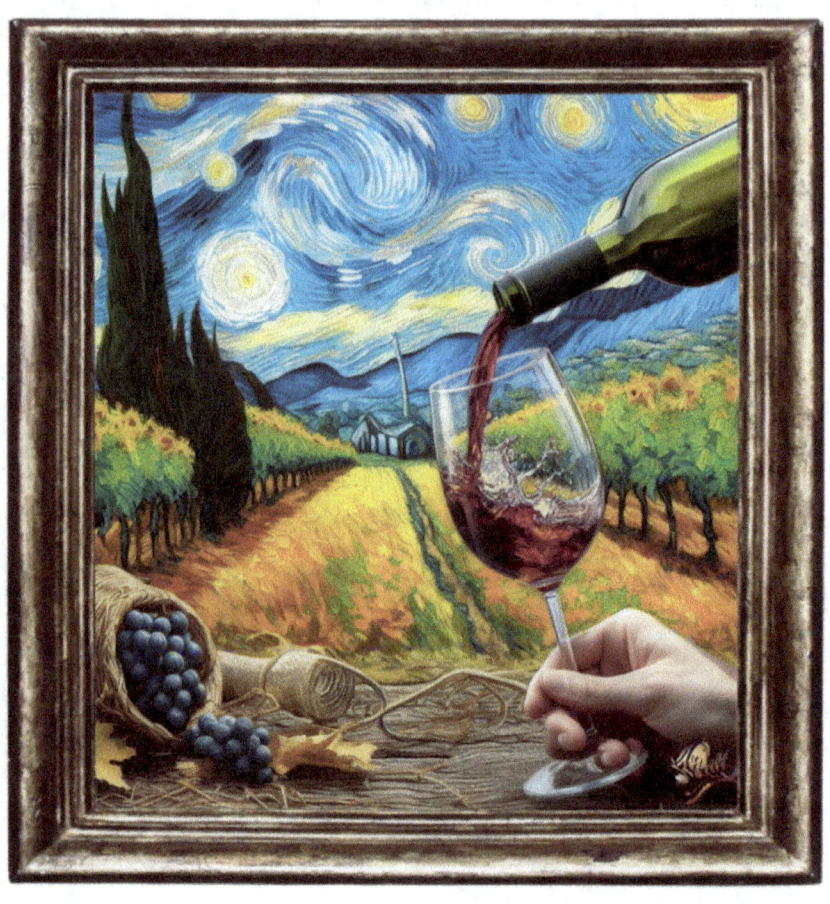

36

IL VINO

Se fossi foco scalderei il mondo e se fossi acqua lo disseterei.

Ma io sono il vino, scaldo i cuori e annego i dispiaceri.

Rosato, bianco o rosso rubino, io sono il vino.

Se qualche volta esageri ci può stare.

Ma ricordati! Di me non si può abusare.

Io unisco e porto l'allegria, che della felicità è figlia.

Io sono il vino, io amo la famiglia.

L'opera che lo celebra si ispira alla poesia "Il Vino". Questo quadro cattura la bellezza e la vitalità del vino nel contesto rurale.

Al centro del dipinto, un rigoglioso vigneto, con filari di viti verdi e, nella parte superiore, le foglie che cominciano a ingiallire, per poi seccare e cadere, segnando la stagione della raccolta. In primo piano, sul terreno, c'è un cesto colmo d'uva nera. L'uva rappresenta la preziosa materia prima da cui il vino prende vita.

In primo piano, una mano regge un calice di vino, luminoso e invitante. La bottiglia si inclina sopra il calice, versando con grazia il prezioso liquido. Questo gesto di versare il vino è come un'offerta, un omaggio alla gioia e all'abbondanza che il vino porta con sé.

Il dipinto trasmette la sensazione di calore e comfort che il vino può portare, sia come bevanda che come simbolo di convivialità. È un inno alla gioia, all'unità familiare e all'allegria, come suggerito dalla poesia. Il vino è raffigurato come un catalizzatore di emozioni positive, in grado di scaldare il cuore e allontanare i dispiaceri. Ma, come la poesia sottolinea, va trattato con rispetto e moderazione.

Nel complesso, il quadro cattura la bellezza della natura, l'arte della vinificazione e il potere del vino di portare gioia e felicità, e la poesia ne sottolinea il suo ruolo nella vita e nella famiglia.

Recensione a cura della rivista "Poeticando"

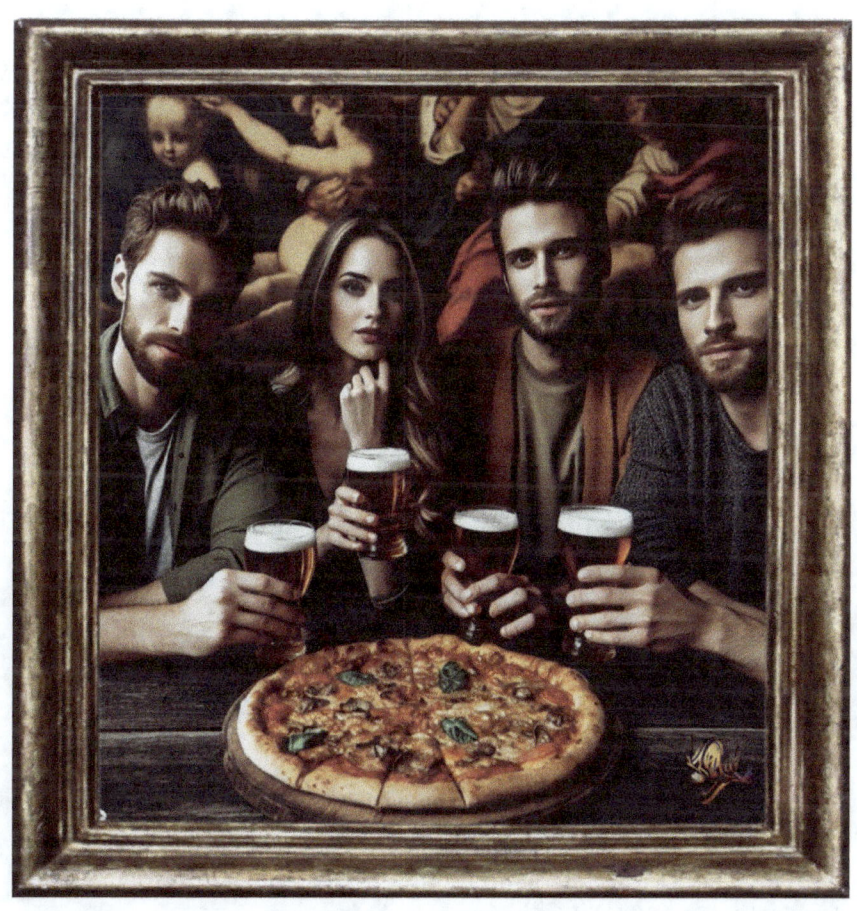

37

PIZZA E BIRRA

'Ntra stu munnu pazzu, nu spicchio e cuntentizza,

tu duna na sirata ccu l'amici a mangià na pizza.

Spezza, strazza, taglia e piglia

È pure bello quann a pizza ta mangi cu ra famiglia.

E stasira nenti vinu! E ru sacciu ca 'un s'insirra.

Pecchì a cumpagna e da pizza è sulu a birra!

Il quadro è un vero inno alla delizia di una pizza e una birra, ispirato dalla poesia "Pizza e Birra". Questo dipinto cattura la gioia di questo piacere semplice ma straordinario.

Al centro del quadro, c'è un tavolo rotondo coperto da una tovaglietta altrettanto rotonda, splendidamente decorata con un affascinante campo di cereali. Le spighe gialle dorate si ergono, annunciando il prossimo raccolto, mentre il sole all'orizzonte inonda di luce i campi che si estendono fino alle colline.

Sul tavolo, in primo piano, sono posti due deliziose pizze appena sfornate, con i loro ingredienti colorati e invitanti. Accanto alle pizze, due freddi bicchieri di birra attendono di essere gustati.

Il dipinto cattura l'atmosfera di convivialità e gioia che la poesia celebra. La pizza è un piatto condiviso, un simbolo di momenti felici passati con amici e famiglia. La birra è la sua compagna perfetta, pronta a rinfrescare e ad accompagnare la pizza con il suo gusto inconfondibile. Non c'è menzione del vino, perché con la pizza la birra è l'indiscussa regina del tavolo. Infatti, nella poesia si dice che il vino "'un s'insirra", non si offende, perché lo sa che con la pizza è preferita la birra.

Il quadro trasmette un senso di calore, amicizia e semplicità, celebrando l'arte di gustare una pizza e una birra in buona compagnia. È un omaggio al piacere delle cose semplici e alla bellezza di condividere un pasto insieme a coloro che amiamo.

Recensione a cura della rivista *"Poeticando"*

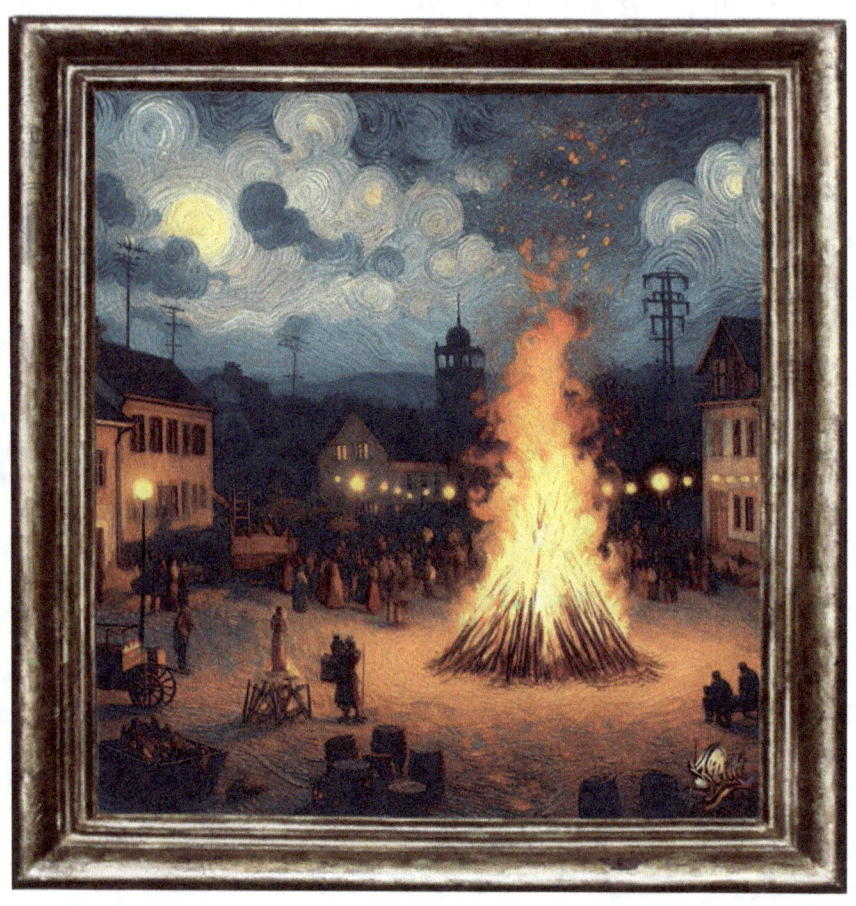

38

NU COCCIU D'OLIVU

Nu jiuornu u ferma ru figgjiu e za Rosina... Cicciu
"Dottò m'ati spiegà 'na cosa, ca ci staiu nesciennu pacciu
Su tre anni ca e s'olivi 'u ni cogghjiu mancu nu cocciu.

Li curu come a nu figghjiu
e mancu nu rifriscu, sulu dispiaciri mi pigghjiu.

Nu scuotitore m'haju puru accattatu
È da tre anni ntu catojiu ammunzeddatu

Se unni portanu mancu stannu, ' u dicite che è tigna
ma i tagghjiu tutti quanti e ri fazzu a ligna

I puortu a ra jazza a sira e San Giuseppe
e l'appicciu, com'è vero ca mi chiamu Peppe

La poesia è rappresentata un quadro nel quale viene raffigurata la piazza con il falò al centro e intorno le persone. La tavolozza di colori utilizzata dall'artista sembra catturare la luminosità e il calore di una fiamma ardente in modo molto realistico. La fiamma varia da tonalità di rosso, arancione e giallo, creando un effetto visivo affascinante.

La poesia che ha ispirato l'artista racconta la storia di un agricoltore che negli ultimi anni non ha raccolto olive. In un atto di frustrazione e disperazione, minaccia di abbattere gli ulivi e usarli come legna da ardere. Tuttavia, l'uso previsto per questa legna è diverso da quello che ci si aspetterebbe: il contadino ha l'intenzione di fare un falò nella piazza del suo paese la sera di San Giuseppe.

La tradizione di accendere falò in occasioni speciali, come la sera di San Giuseppe, è una pratica comune in alcune regioni, compresa la Calabria. Questi falò possono avere il significato di riti propiziatori o celebrazioni di eventi significativi. Nel contesto della poesia, la minaccia di bruciare gli ulivi potrebbe essere interpretata come un gesto di rinnovamento o di purificazione, cercando di cambiare la sorte degli agricoltori e della comunità.

La poesia è scritta in dialetto calabrese, il che aggiunge un tocco di autenticità e connessione con le radici culturali della regione. L'artista, ispirandosi a questa poesia, ha creato un quadro che cattura l'essenza del momento descritto nel testo, mettendo in risalto la bellezza e la forza simbolica del falò.

Recensione a cura della rivista *"Poeticando"*

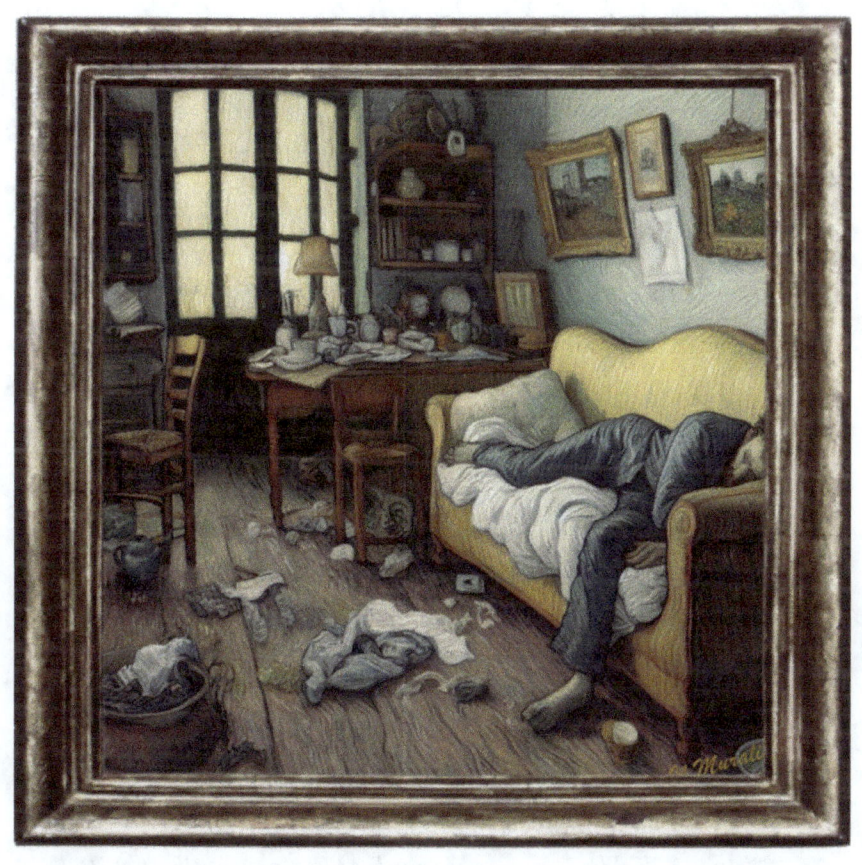

39

A TUSSA

A mugghjiera mia tena ra tussa
A notte è nervusa, mi pizzula e mi bussa

Però quan idda vo' si gira de l'atra menzina e dorma e russa
Ma nzia mai tu t'azzardi a fa na mossa

Cumpari miu e sa nottata che ti pozz dire
Purtroppo, né relax, né piaciri e né dormire

Stamatina po' m'haiu azatu tutto nciotato
Mi paria nu pallone sgonfiatu

A ra fatica ci sugnu arrivatu tardi, nervusu e tisu
M'hann guardatu stuort e l'hai mannati tutti a chiddu paisu
Sulu ca c'haiu mannatu puru u mastru
e m'haiu mbrigatu ccu ri megghjiu cumpagni, nu disastru

Tramenti, m'ha mannatu a chiamari u principali e n'amicu
m'ha arraccummannatu: statti calmu e chjianu bussa
Toc… toc. Avanti!

Dottò, ci haiu dittu cu ru coru 'n manu, a mia m'aviti perdunari,
ma a mugghjiera mia tena ra tussa
Sulu ca chiddu è milanesu, unn'è spusatu e unn'ha capitu
Ntra nenti mi sugnu trovatu cum'a nu fissu licenziatu

Cumpari miu chi mi state dicennu
Chi vi stai dicennu? Cumpà, u sai cchi ti dicu?
Ca si ncunu jiuornu a to mugghjiera tena ra tussa
a notte girati e l'atra menzina e fa finta e dormire,

puri si ti pizzula e ti bussa
Anzi, si vo' fare megghju, senti a mia leva manu
e vatti a curcari ntru soggiornu, subba u divanu

Il quadro ritrae una scena di vita quotidiana intrisa di un'atmosfera di frustrazione e disagio. Al centro dell'immagine, vediamo un uomo addormentato sul divano del soggiorno di casa. La sua posizione scomoda e disordinata suggerisce che è molto stanco e si è addormentato nonostante le circostanze avverse, dopo molte ore di sveglia.

L'opera cattura il tema della poesia attraverso l'uso di dettagli significativi. Su ammonimento dell'amico: "Nel caso tua moglie avesse la tosse, vai a dormire nel soggiorno". L'uomo, nel dipinto, difatti si è trasferito a dormire sul divano del soggiorno perché la moglie è colpita da una tosse persistente. La scena mette in evidenza il contrasto tra il malessere, evidenziato dal disordine della stanza, e l'apparente tranquillità dell'uomo che dorme, come se fosse ignaro delle sofferenze della donna.

Questo quadro trasmette il messaggio centrale della poesia: la tosse della moglie è diventata un disturbo costante per l'uomo che, impedendogli di dormire, gli ha causato una serie di problemi. La sua stanchezza dovuta alla mancanza di sonno lo porta a essere nervoso e scontroso al lavoro, e alla fine perde il suo impiego perché considerato elemento di disturbo. La soluzione proposta, cioè di dormire nel soggiorno per evitare di essere disturbato dalla tosse della moglie, suggerisce una sorta di compromesso tra i bisogni e i disagi della coppia.

Il quadro è intriso di un senso di isolamento e tensione, catturando visivamente la tematica della poesia e trasmettendo il conflitto interno ed esterno dei personaggi. Ma la stessa ha anche un senso ironico e divertente, evidenziato anche dalla ritmica delle rime.

Recensione a cura della rivista *"Poeticando"*

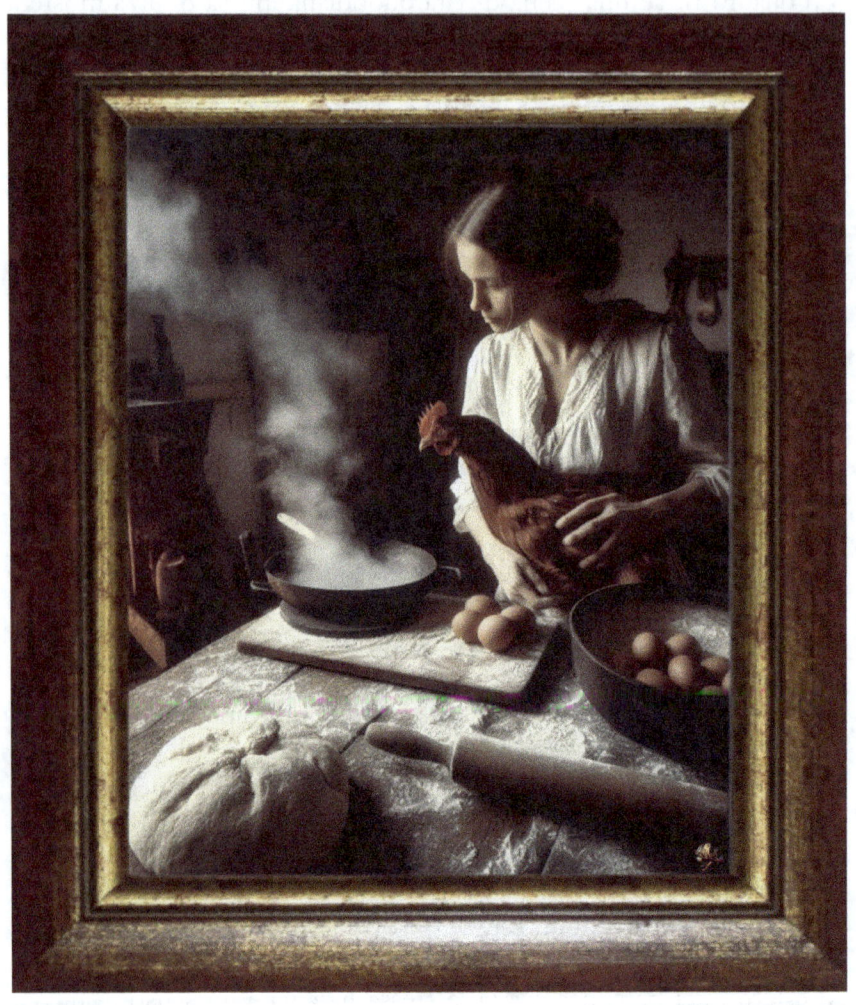

40

LASSA E PIA

Sugnu jiutu ntra nu voscu ppe fari due ligna
m'aiu sscordatu d'arramari e s'è brusciata a vigna
Pia e lassa, lassa e pia, po' ti scordi e lass

Haiu lassatu e scanari, ppe trappari un culu a ra gaddina
e m'haiu scordatu appicciatu, u fornellu rannu e da cucina
Subba u focu ci avia misu na bella frissura
L'haiu trovata carbonizzata a idda, a carne e a mpanatura
Lassa e pia, pia e lassa, po' ti scordi e lass

Va trovann mo chi è nato, se prima l'ovo o a gaddina
Un ce l'hai addimmanatu e sinn'è jiutu stammatina
Lassa e pia, pia e lassa, po' ti scordi e lass

È natu nu criaturu, è natu senza speranza
u destinu suo era già scrittu quann era dintra la panza
Parrano, parrano ma po', trann ca ppe l'amici e ri parenti
i politici un fanu nenti
Ma ntra na civile società
tutti guagnuni avessari aviri almeno n'opportunità
Lassa e pia, pia e lassa, po' ti scordi e lass

Nel quadro, ambientato nella cucina di una rustica casa di campagna, emerge una scena di vita quotidiana che cattura una risonanza profonda con il tema espresso nella poesia "Lassa e pia." Sul tavolo della cucina si trova un impasto fresco per il pane, testimone del lavoro manuale e della preparazione attenta che si sta svolgendo in quel momento. L'impasto è un simbolo di speranza e di progetto futuro, pronto a essere trasformato in pane. Sul tavolo la presenza di una padella ancora fumante. Evidentemente è stata trascurata e il contenuto si è bruciato. Come riferisce la poesia, la bistecca, ora carbonizzata, è un segno evidente di un'opera incompiuta. Il fumo che si solleva dalla padella crea una scia ondulante nell'aria, rivelando la bruciatura e la trascuratezza che ha portato a questa situazione.

Il quadro incarna il tema centrale della poesia "lassa e pia." Esso riflette la verità che quando non si dà la dovuta attenzione alle cose iniziate, ci si espone al rischio di problemi imprevisti e, talvolta, irreversibili. L'impasto fresco rappresenta l'inizio di qualcosa di buono, mentre la bistecca carbonizzata è il risultato di un progetto trascurato. Il fumo che si innalza è simbolico del danno causato dall'incuria e dall'abbandono.

Nella poesia, scritta a mo di cantilena, due passaggi ironici. Il primo "Hai lassatu e scanari ppe trappari u culu a ra gaddina", in italiano "Ho interrotto di fare l'impasto per tastare il culo alla gallina con l'intento di accertarmi se è prossima a fare l'uovo". È un modo di dire calabrese quando si pretende di far interrompere qualcosa d'importante per cose che possono aspettare e, in questo caso anche una cosa che non si dovrebbe assolutamente fare per motivi igienici. Stai impastando, non puoi andare a tastare il culo alla gallina!

Il secondo passaggio "Va trovannu mo chi è nato prima l'ovo o a gaddina", si capisce, fa riferimento a un dubbio amletico che avresti potuto fugare se l'avessi chiesto alla persona giusta. Ma hai sempre rinviato e, guarda caso, hai deciso di chiederlo proprio quel giorno che la persona non c'è più.

Il quadro e la poesia ci invitano a riflettere sulle nostre azioni e le nostre scelte quotidiane, sottolineando l'importanza di portare a compimento ciò che iniziamo e di evitare di trascurare ciò che è già stato avviato. Essa ci ricorda che solo attraverso l'attenzione, la cura e la dedizione possiamo sperare di ottenere risultati positivi, mentre la superficialità può portare a conseguenze indesiderate. In questo modo, il dipinto e la poesia si uniscono per trasmettere un messaggio sull'importanza della responsabilità e dell'attenzione nella vita quotidiana.

Recensione a cura della rivista *"Poeticando"*

C IRONIA, BATTUTE, DETTI

L'arte ha sempre svolto un ruolo cruciale nell'esplorare e comunicare temi profondi e complessi dell'esperienza umana. Tuttavia, c'è un lato dell'arte che spesso viene trascurato, un lato che si manifesta attraverso l'umorismo, la satira, i detti popolari e i proverbi.

Questa sezione del libro è dedicata alla esplorazione di opere d'arte che abbracciano il potere dell'ironia, delle battute e della saggezza popolare per sfidare e stimolare la riflessione su argomenti seri in un modo leggero e spesso divertente. L'arte che usa l'umorismo, le battute o i detti popolari è in grado di comunicare messaggi profondi con una semplicità disarmante. In molte di queste opere, vedremo come l'artista abbia utilizzato l'ironia per far emergere la follia umana, le contraddizioni della società, o semplicemente per farci sorridere.

Le opere d'arte che incorporano proverbi e detti popolari ci ricordano l'importanza delle sagge parole tramandate attraverso le generazioni, mentre ci invitano a riflettere su come queste antiche massime siano ancora rilevanti nella nostra epoca moderna.

Questa sezione ci condurrà in un viaggio attraverso una vasta gamma di opere d'arte, che spaziano dal pittorico al concettuale, dal classico al contemporaneo. Ogni opera selezionata rappresenta una finestra aperta sulla creatività dell'artista e sulla sua capacità di farci riflettere, sorridere o persino scuotere la testa in segno di riconoscimento.

Attraverso l'arte dell'ironia, della battuta, dei detti popolari e dei proverbi, esploreremo come l'arte possa essere sia uno specchio che riflette la nostra umanità, che uno specchio distorto che mette in evidenza i nostri lati più curiosi. Speriamo che questa sezione ti ispiri a vedere l'arte sotto una nuova luce e a cogliere il potere dell'umorismo e della saggezza nelle opere che affrontano temi seri con un sorriso.

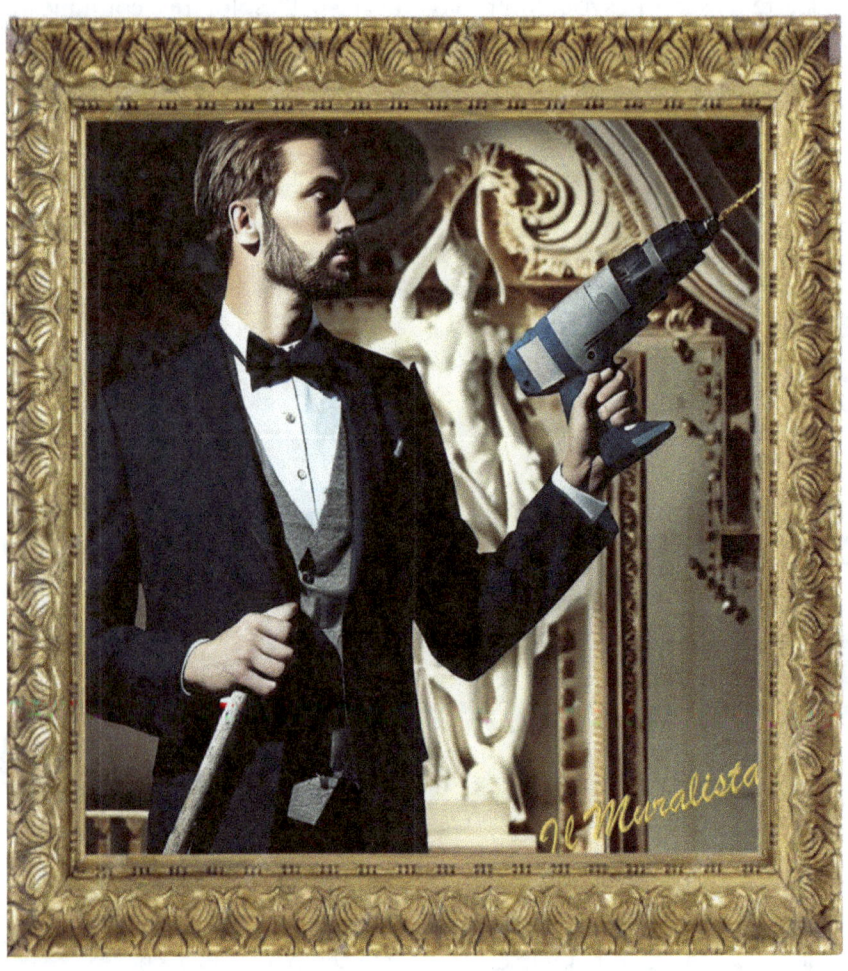

41

IL PRINCIPE DEL FORO

Questo quadro è un'opera che combina l'immagine di un uomo distinto e ben vestito con l'inaspettato strumento del trapano che tiene in mano, creando un'atmosfera intrigante e sorprendente. Al centro dell'opera, una figura elegante e impeccabile, vestita con giacca, camicia, gilet e cravatta a farfalla. Il suo aspetto raffinato e la barba ben curata suggeriscono che si tratti di una persona di grande autorevolezza e importanza, che potrebbe essere un principe o un professionista di alto livello, come un avvocato affermato.

Tuttavia, la vera sorpresa è rappresentata dallo strumento che l'uomo tiene saldamente nelle mani: non una penna ma un trapano, solitamente utilizzato per fare fori. Questo inaspettato contrasto tra l'apparenza elegante e l'oggetto da lavoro grezzo crea un'immagine intrigante e carica di significato. Si potrebbe pensare sia un principe che per professione faccia fori, da qui il titolo del quadro: "Principe del foro". Ma lo stesso titolo è anche utilizzato per descrivere il miglior avvocato. Nell'allusione ironica di una descrizione dal duplice significato, sottolinea l'idea che dietro l'apparenza si possono celare significati totalmente diversi.

La scena è ambientata in una casa principesca, con arredi sontuosi e dettagli affascinanti che richiamano il lusso e la sofisticazione. Tuttavia, il trapano nelle mani del protagonista ci ricorda che, indipendentemente dalle apparenze, c'è sempre un lato della vita che richiede impegno, sforzo e abilità, nel perseguire gli obiettivi che ci prefiggiamo.

Questo quadro, ironico, sfida le aspettative, invitando lo spettatore a riflettere sulle diverse sfaccettature della vita e sulle dimensioni nascoste di ogni individuo, anche di coloro che occupano posizioni di grande rilevanza sociale.

A cura di Elisabetta *Sperta*

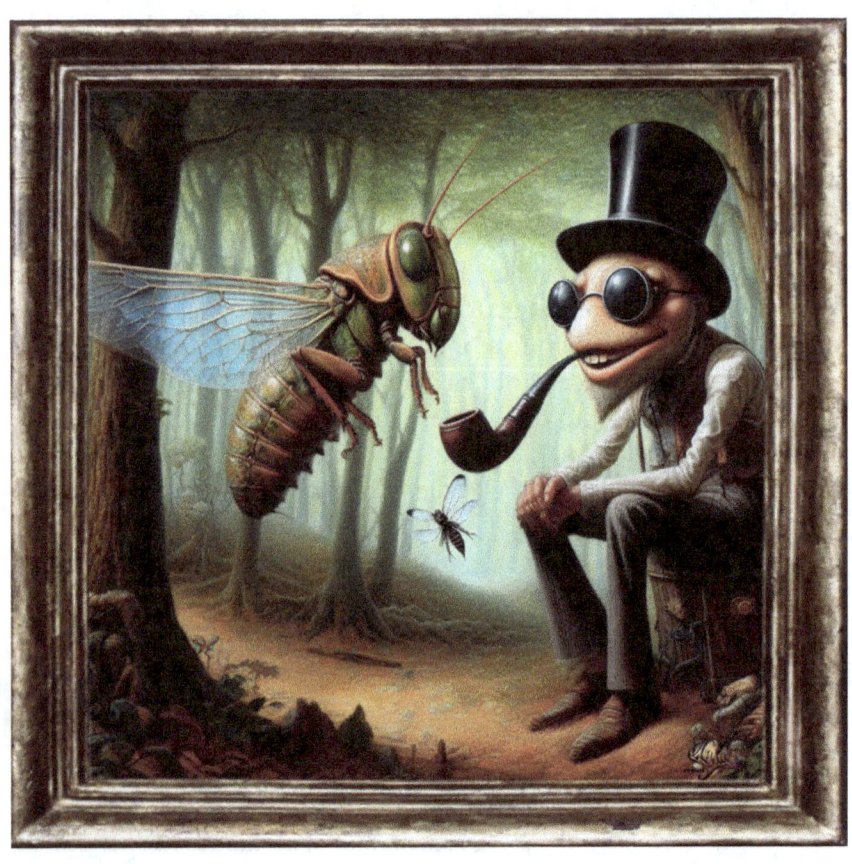

42

IL GRILLO E LA CICALA

Nel cuore di un bosco incantato, prende vita un quadro magico e surreale. Al centro dell'opera sono raffigurati un grande grillo e una elegante cicala, il primo seduto e la cicala in volo statico. I due sembrano conversare amichevolmente, con espressioni di meraviglia e interesse sui loro volti. Il grillo, vestito con un cappello a cilindro e occhiali da sole, sembra il classico gentiluomo di campagna. Ha una lunga pipa tra i denti e sorride. La cicala, al contrario, ritratta come una diva, elegante e dai colori sgargianti, ascolta con interesse ma è anche concentrata perché è come se stesse già pensando a quello che sarà il suo discorso.

Il background del quadro è un'esplosione di colori iridescenti e sfumature eteree. L'ambiente circostante sembra in costante mutamento, con sfere di luce danzanti. Le alte piante fanno da compagnia ai due personaggi, mentre un altro insetto assiste curioso alla scena.

Nonostante le apparenze, il quadro suggerisce che il grillo e la cicala stiano condividendo una conversazione leggera. Forse stanno discutendo chi sia il vero "virtuoso" della musica, o forse si stanno scambiando aneddoti sulle loro avventure nel bosco incantato. In ogni caso, l'atmosfera è giocosa e surreale, con i due chiacchieroni pronti a scoprire il mistero di questo luogo magico insieme.

La metafora che vuole esprimere l'artista in quest'opera è che due insetti, appartenenti a specie diverse e che, quindi, non dovrebbero nemmeno capirsi, conversano cordialmente. In contrasto con la comunicazione tra gli umani che diventa sempre più difficile e complicata, nonostante la tecnologia a disposizione.

A cura di *Lolita Eckemberg*

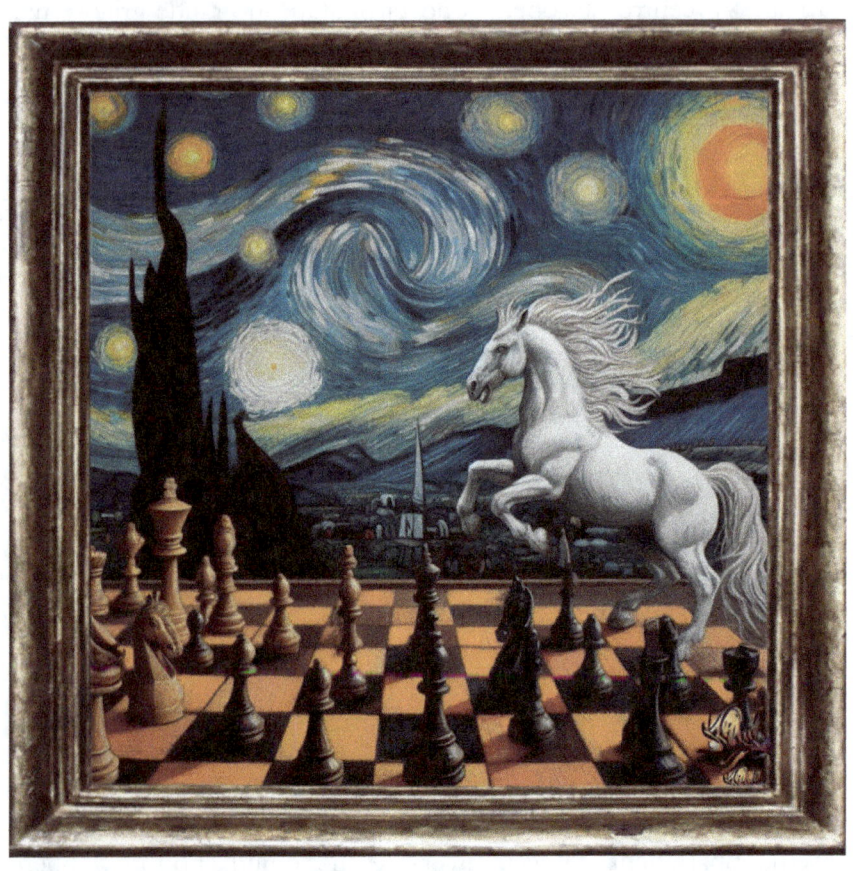

43

IL VEGANO

Una scena affascinante e surreale, che sfrutta il potere dell'ironia. Al centro, domina l'immagine una scacchiera disegnata in modo impeccabile, con tutti i suoi pezzi. La scacchiera sembra il terrazzo di una casa che si affaccia su un bel paesaggio. Ma ciò che in questo contesto attira immediatamente l'attenzione è il maestoso cavallo bianco che è stato posizionato sulla scacchiera stessa. Il cavallo è realizzato con una precisione sorprendente, catturando ogni dettaglio della sua eleganza e potenza. La sua criniera fluttua nell'aria come se fosse mossa da una leggera brezza, e il suo sguardo esprime un misto di nobiltà e mistero. Questo cavallo è il reale protagonista del quadro, con il suo mantello bianco splendente che contrasta con il nero e l'arancione delle caselle della scacchiera. Sullo sfondo, una cittadina con un alto campanile e colline che si estendono fino all'orizzonte. Il cielo è dipinto con colori vibranti e magici che creano un effetto straordinario, con un bel sole e tanti astri che fanno da cornice alla scena come se si stesse assistendo a qualcosa di clamorosamente importante.

L'opera prende spunto da una battuta del Professor Rosario, rinomato "battutologo". Un signore, campione di scacchi, gli confida di essere diventato vegano. Il Professore dispiaciuto commenta: «Peccato che non potrai più giocare a scacchi.» Il campione, leggermente confuso, chiede il motivo di quella affermazione. Il professore sorride e continua: «Perché non potrai più mangiare il cavallo!» Naturalmente, il campione ride compiaciuto. Questa scena cattura l'ironia della situazione, mettendo in primo piano il contrasto tra la scelta del campione di diventare vegano e il simbolismo del cavallo nella scacchiera. Il quadro rappresenta l'incredibile abilità dell'artista nel catturare sia l'umorismo che la bellezza della vita quotidiana, trasformando una semplice conversazione in un'opera d'arte ricca di significato e colore.

Recensione di Annamaria Vergura

44

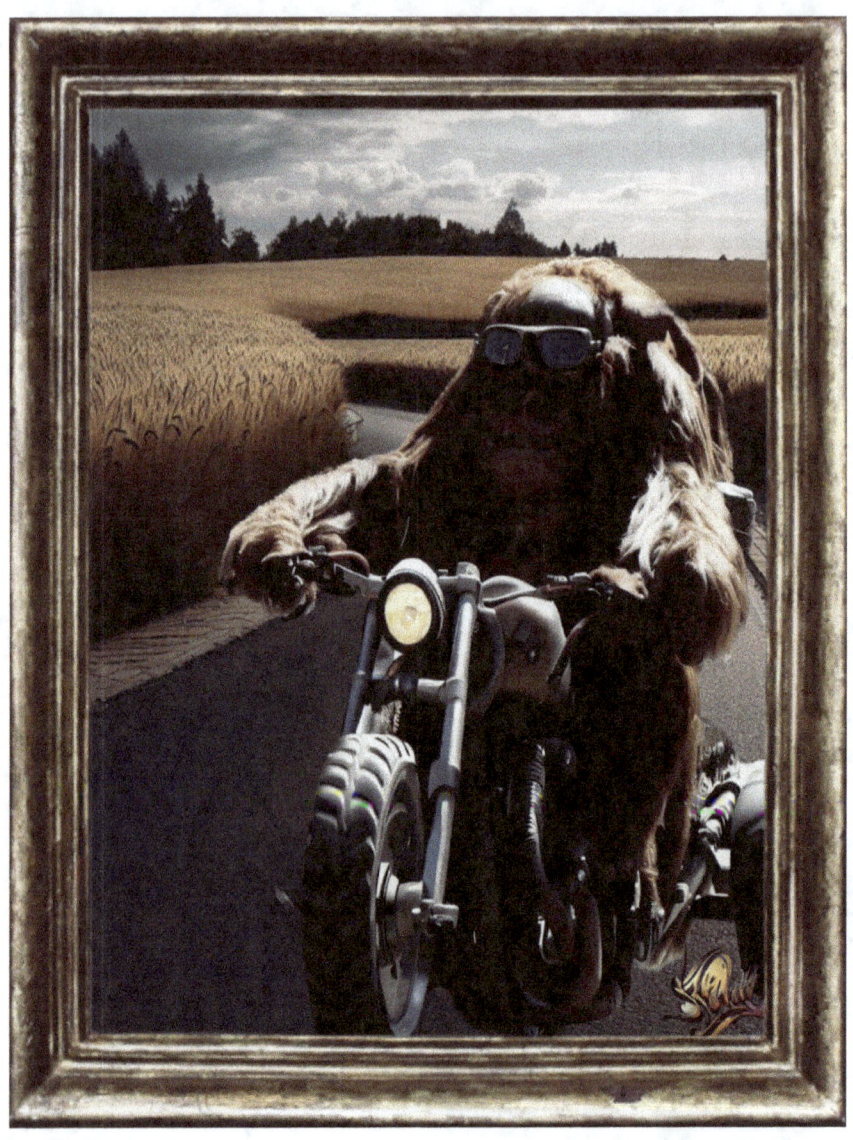

44

IL GORILLA MOTORIZZATO

Nel cuore di un paesaggio rurale, immerso tra campi di frumento dorato che si estendono fino all'orizzonte, la scena cattura l'essenza dell'inaspettato. Al centro del dipinto un'apparizione surreale, un enorme gorilla è raffigurato mentre cavalca una potente moto con maestria. Il gorilla indossa un casco e occhiali da motociclista, conferendo a lui e alla sua moto un'aura di intraprendenza. La moto è un'opera d'arte in sé, con dettagli meticolosi e cromature lucenti. Le grandi ruote solcano la strada asfaltata. I campi di frumento circostanti sono gli spettatori solitari. Il motore ruggisce come un tuono, ma il gorilla sembra totalmente a suo agio, controllando la bestia di metallo con padronanza.

La scena è illuminata da una luce tiepida attenuata da un cielo parzialmente nuvoloso, che conferisce al paesaggio un'atmosfera dorata e avvolgente. I campi di frumento ondeggiano leggermente con la brezza estiva, mentre le spighe brillano come oro puro alla luce del sole declinante. Nel cielo, le nuvole bianche aggiungono un tocco di leggerezza all'immagine.

La metafora di questo quadro è evidente: il gorilla, una creatura dalla forza e dalla maestosità impressionanti, guida una moto potente attraverso un paesaggio tranquillo e apparentemente ordinario. Questa scena surreale suggerisce che, anche quando pensiamo di aver visto tutto, il mondo può ancora sorprenderci con l'inatteso e il fantastico, sfidando le nostre aspettative e invitandoci a vedere le cose da una prospettiva diversa. È un'opera d'arte che ci ricorda di rimanere aperti alle meraviglie e alle sorprese della vita, anche quando sembra che nulla possa più stupirci.

A cura di *Ennio Fantasiano*

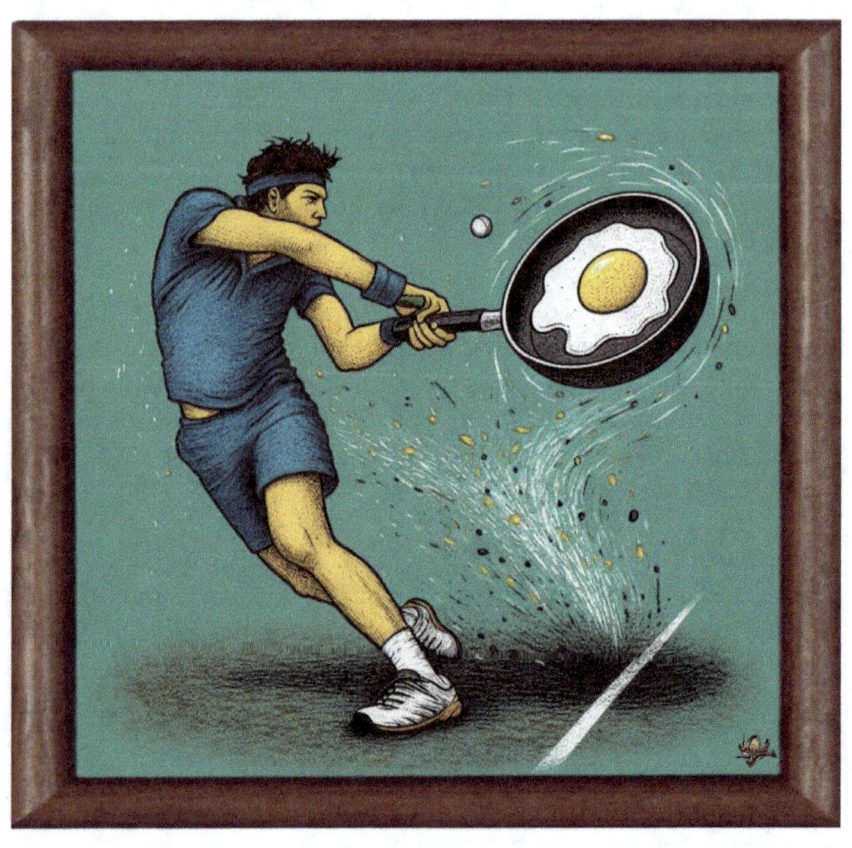

45

PADEL

Il quadro è un'opera ironica e divertente che prende di mira il mondo degli appassionati di padel, uno sport in crescita che ha attirato un grande interesse. L'artista, sfruttando il nome, ha giocato con la surrealtà e l'umorismo, creando una scena inusuale e al contempo esilarante.

Nella rappresentazione, uno sportivo impegnato in una partita di padel si distingue per un'azione insolita: anziché impugnare una racchetta da padel, tiene saldamente in mano una padella. Il gesto tipico del rovescio a due mani, atto sportivo affascinante, viene reinterpretato in chiave comica e paradossale. Invece di colpire la pallina, il giocatore colpisce un uovo che si trova al fondo della padella. Questo elemento culinario aggiunge un tocco di assurdità e giocosità al dipinto.

Attraverso il quadro, l'artista sembra suggerire una critica leggera e giocosa nei confronti del mondo del padel, evidenziando la sua peculiarità e la capacità di suscitare interesse. La scena del giocatore che usa una padella anziché una racchetta sottolinea l'aspetto giocoso dello sport.

L'opera, naturalmente, è intesa anche come una satira nei confronti di coloro che preferiscono la cucina e il piacere del cibo rispetto all'attività sportiva, allora l'artista ha creato un'espressione visiva che gioca con le dualità della vita moderna.

La scelta di raffigurare uno sportivo impegnato in un'azione tipica del padel, ma con una padella e un uovo, potrebbe essere vista come un modo intelligente per mettere in discussione le priorità e le scelte di vita. Invece di concentrarsi sulla competizione sportiva, il personaggio sembra dedicarsi al piacere culinario, suggerendo una critica umoristica nei confronti di una cultura che spesso valorizza alcune attività a discapito di altre attività.

In questo contesto, il quadro potrebbe essere interpretato come una celebrazione dell'equilibrio e della varietà nelle passioni e nelle attività umane. L'artista sembra suggerire che non c'è nulla di sbagliato nell'abbandonarsi al piacere della cucina e del cibo, ma nel contempo bisogna fare anche un'attività fisica se non la si fa nel lavoro. Questa interpretazione aggiunge un elemento di umorismo sottolineato dalla contrapposizione tra lo sport e il piacere della cucina.

In definitiva, "Padel" emerge come un'opera poliedrica che può essere interpretata in diversi modi, offrendo spunti di riflessione sulla nostra società, sulle sue priorità e sulla bellezza di apprezzare le varie sfaccettature della vita, che includono sia lo sport che la cucina.

A cura di *Fernando Scieffi*

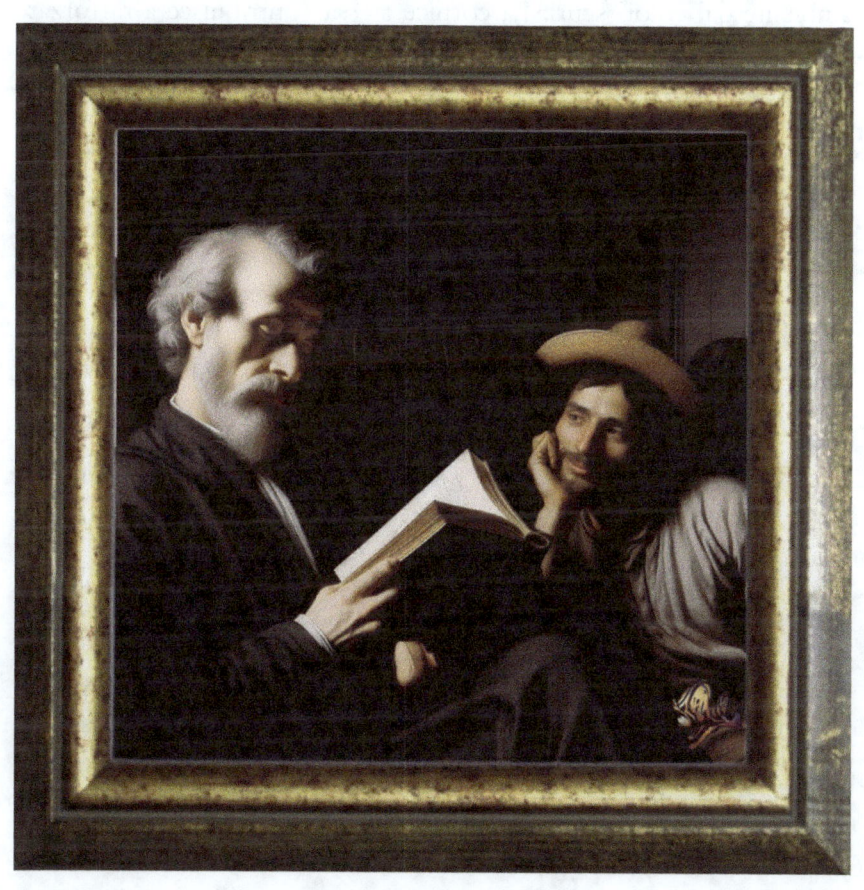

46

LA LOGICA

Il quadro rappresenta una scena di grande intensità all'interno di un ambiente dai colori scuri. La cornice stessa contribuisce a rafforzare l'idea dell'autore. In primo piano, troviamo un signore distinto, sappiamo che è un anziano professore di filosofia, con capelli e barba bianca che conferiscono un'aria di saggezza e maturità al suo volto scarno. È ritratto mentre è immerso nella lettura di un libro dal contenuto evidentemente impegnativo, testimoniato dalla sua espressione concentrata e dal fatto che tiene il volume con gesto delicato ma deciso.

Di fronte a lui si trova un giovane signore, un individuo dall'aspetto più semplice e, sappiamo, che non è amante della lettura. Il suo volto è pervaso da un'espressione di ammirazione e rispetto nei confronti del professore, che si manifesta attraverso uno sguardo compiaciuto e attento. Questo giovane sembra ansioso di cogliere un momento di pausa nel suo studio per poter chiacchierare con il professore.

L'illuminazione della scena è particolarmente interessante, poiché il professore emerge chiaramente dal contesto circostante, come se fosse la fonte di luce stessa. Questo dettaglio suggerisce che la sua saggezza e conoscenza brillano in mezzo all'oscurità, simboleggiando il potere dell'istruzione e della riflessione nell'illuminare la mente umana. Il contrasto tra la figura del filosofo e il suo giovane ammiratore, unito all'atmosfera intensa e silenziosa dell'ambiente, cattura l'essenza della ricerca del sapere e del potere delle idee nella tradizione filosofica.

L'autore ha voluto dare una sua autonomia al dipinto che nasce, comunque, come rappresentazione del seguente divertente racconto.

Il signore descritto prima, il professore, sta leggendo. Un altro signore lo osserva cercando il pretesto per attaccar bottone. Il classico impiccione che non sa farsi i fatti propri e deve chiacchierare sempre e comunque. A un certo punto, non resistendo alla tentazione, chiede al signore: «Scusate, ma che state leggendo?» Il signore lo guarda e risponde: «Sto leggendo un libro complesso ma affascinante. Lei che studi ha fatto?»

«Io agg fatt solo a terza media, po' so jiutu a faticare. Ma cchjiu o meno e che tratta stu libro?» «È un libro controverso e complicato, parla di filosofia, s'intitola "la logica" e non è facile da spiegare in due parole.» Soprattutto a uno che non ha studiato, pensa il Professore. Ma ci prova lo stesso: «Senta, io potrei spiegarglielo con una metafora, ma non mi sembra il caso. Potrei tentare con un eufemismo, ma non credo funzionerebbe. Ho un'idea! Glielo spiego con un esempio.»

«Ottimo!» Risponde il giovane.

A lei piace l'acquario?»

«Sì, assai.»

«Se le piace l'acquario, sono sicuro che le piace anche il mare.»

«Sì, certo che mi piace.»

«Le piace il mare perché d'estate sulla spiaggia ci sono le belle ragazze in costume da bagno.» Il viso del giovane s'illumina. Il professore prosegue: «A lei piacciono le belle ragazze.»

«Gesù, è o vero.»

Il signore, mantenendo la mano sinistra ferma con le punte delle dita unite e rivolte verso l'alto, compie un elegante movimento ad arco con la mano destra, le dita chiuse a punta e rivolte verso il basso, e dice: «Vede, alla fine a lei piace l'acquario perché le piacciono le belle donne. Questo è il naturale collegamento e questa è la logica. In questo libro di questo si parla.»

«'O veramente? Che bello. Sto libro impara a fare chisti ragionamenti?»

«Questo libro è un saggio molto ben scritto e chi lo leggerà con attenzione imparerà questo ed altro.»

«Ma dove si pò accattà sto libro?»

«Lo può trovare anche in stazione.»

Il giovane ringrazia e la mattina successiva compra il libro. La sera al rientro dal lavoro, sale in treno, si mette comodo in uno scompartimento vuoto e inizia a leggere. Dopo un po', come tutte le sere, lo raggiunge un suo amico. Vedendolo leggere rimane sorpreso ed esclama: «Ma stai leggenn veramente o stai guardnn 'e figure?»

«Non mi disturbà che sto cercann e ci capì quacch cosa.»

«Uhè, mo è arrivato o letterato. Ma e che si tratta?»

«È nu libro difficile, parla e filosofia, tu che ne capisci, nun tieni mancu a terza media.»

«Nun mo può spiegà a parole tue?»

«Comm faccio, è complicato. To potess spiegà co nu megafono, ma simm dint a nu treno e nun serve. Potess tentà con un femminismo, ma tu sì masculo. Sai ché, ti faccio n'esempio.»

«Sentimm!»

«Ti piace l'acquario?»

«No!»

«Allora sei ricchione!»

A cura di Rosa Sorrisi

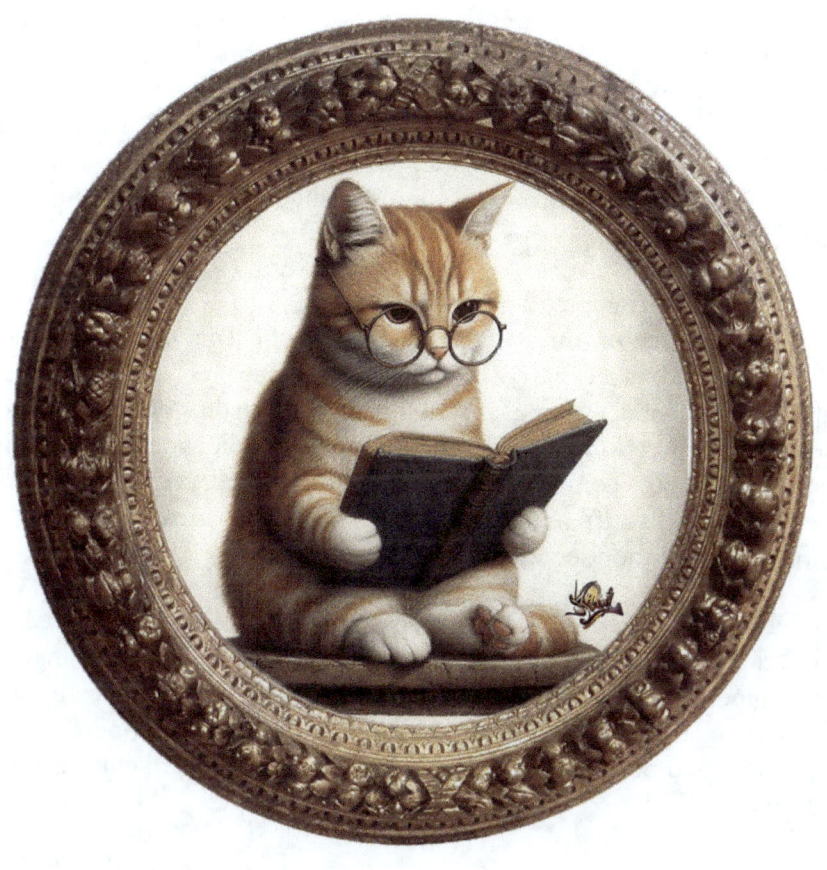

47

IL GATTO COLTO

Il quadro di un elegante e curioso gatto, con occhiali e un libro tra le zampe, un'opera affascinante. Questo dipinto cattura l'immaginazione con la sua combinazione di umorismo e raffinatezza, creando un'immagine che evoca sorrisi e riflessioni. Il gatto, con il suo pelo morbido e ben curato, è raffigurato con grande dettaglio e grazia. I colori rossi e bianco striati creano un contrasto affascinante e aggiungono vivacità all'immagine. La sua postura seduta, con gli occhiali posti con eleganza sul muso, suggerisce un'immagine di intelligenza e ironia.

La scelta di raffigurare il gatto che legge un libro con tanto interesse aggiunge un tocco di umorismo, dando l'idea che il gatto stia cercando di assorbire conoscenza o stia cercando di interpretare il testo con attenzione. L'opera riesce a catturare la personalità del gatto, che sembra riflettere il comportamento curioso e indipendente tipico di questi animali. La combinazione di elementi inusuali, come gli occhiali e il libro, con la raffigurazione realistica del gatto, crea un contrasto intrigante tra il mondo animale e quello umano.

Nel complesso, questo quadro è un esempio di creatività e originalità nell'arte, che riesce a fondere elementi comici e raffinati in una singola immagine. L'artista ha dimostrato un notevole talento nel catturare l'essenza e la personalità del gatto, rendendo il quadro un'opera d'arte unica che può portare un sorriso e suscitare la curiosità di chiunque lo osservi.

A cura di *Rosa Sorrisi*

48

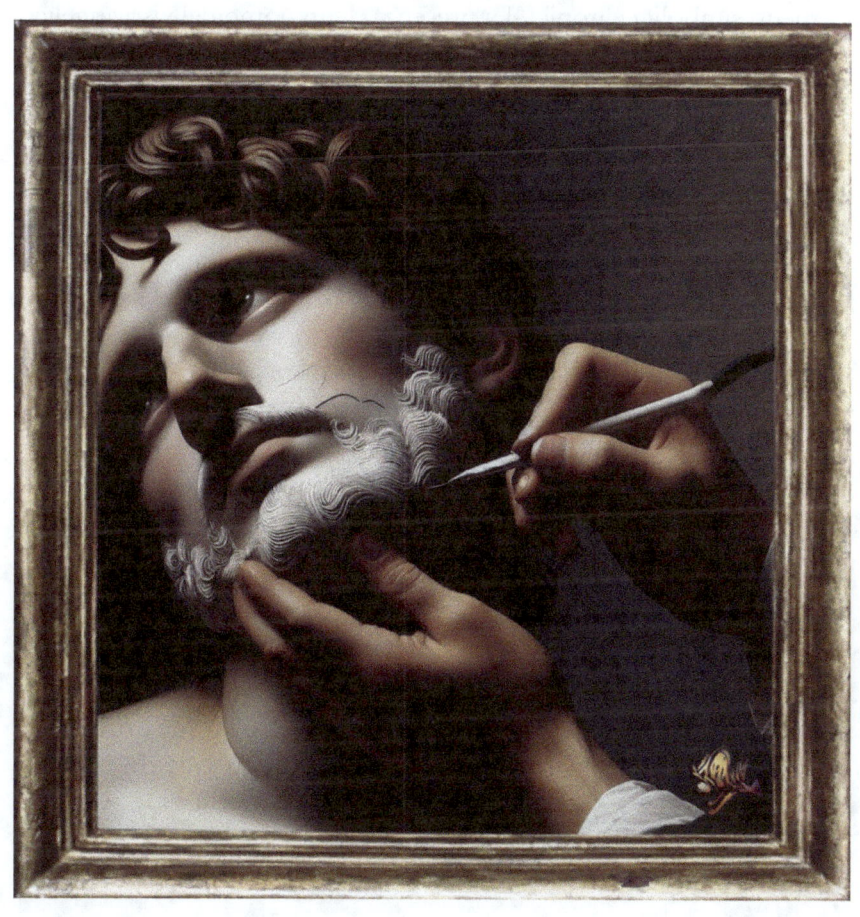

48

FIRMAMENTO

Il dipinto descritto evoca un'immagine intrigante e surreale, ricca di elementi simbolici e ironici. La presenza di un uomo dal viso angelico, con capelli ondulati e lo sguardo perso in alto, suggerisce una connessione con il divino o l'etereo. L'uso di uno sfondo scuro che mette in evidenza il viso accentua l'enfasi sull'individuo e fornisce un contrasto visivo interessante.

La presenza dell'artista che tiene fermo il mento dell'uomo e disegna una barba bianca è un elemento surreale e ironico, aggiungendo un tocco di umorismo al dipinto. L'atto di apporre la firma sul mento, che l'autore definisce l'atto il "firmamento", è un'idea creativa e insolita che aggiunge profondità concettuale al lavoro.

Questa scelta sembra suggerire una riflessione sull'atto di firmare un'opera d'arte come un atto di creazione divina, in cui l'artista diventa quasi un dio che dà vita alla figura dipinta. L'ironia nell'intitolare il dipinto "firmamento" sottolinea il gioco concettuale dell'opera, invitando lo spettatore a riflettere sulla natura dell'arte, della firma e della creazione stessa. La combinazione di elementi realistici e fantastici crea un'atmosfera unica e coinvolgente, stimolando la curiosità e l'interpretazione personale dello spettatore. In definitiva, il dipinto, ironico, sembra essere un'esplorazione intelligente e divertente dei concetti artistici e della creazione, offrendo uno sguardo originale e provocatorio sulla relazione tra l'artista, l'opera d'arte e lo spettatore.

A cura di *Rosa Sorrisi*

E - PAESAGGI E NATURA

Questa sezione è una straordinaria celebrazione della bellezza della natura, delle architetture storiche e dell'avventura. Ogni opera cattura un aspetto unico del mondo che ci circonda. Spettacolari paesaggi naturali si estendono di fronte agli occhi dello spettatore. Il verde sotto un cielo azzurro senza fine, montagne maestose che si ergono in lontananza. Il dettaglio della natura è eccezionale: si possono vedere fiori di piante spontanee e alberi maestosi. Animali amorevoli che contribuiscono a creare un'atmosfera di tranquillità e libertà.

Possiamo ammirare un giardino incantato, un luogo di magia e meraviglia. Tra labirinti di siepi lussureggianti, sentieri tortuosi e fontane scintillanti. Le piante in fiore diffondono colori vivaci e profumi incantevoli, creando una sensazione di incanto e mistero. Mentre nella rappresentazione di una cattedrale, l'arte cattura l'architettura grandiosa e l'intricato lavoro artistico delle facciate. Le finestre gotiche, i dettagli scolpiti e le torri imponenti. La luce del sole esalta la maestosità di una cattedrale, creando un'atmosfera di spiritualità e sacralità. Un borgo pittoresco su un promontorio roccioso a picco sul mare, con una spiaggetta intima e discreta dà un senso di comunità e vita vibrante. Fra le varie opere della sezione, un veliero si staglia contro un cielo all'orizzonte. Le vele sono gonfiate dal vento, mentre l'equipaggio si affretta a manovrare l'imbarcazione. La rappresentazione dell'avventura e il desiderio di esplorare il mondo, evocando una sensazione di scoperta e libertà.

Questa serie di opere d'arte unisce la bellezza della natura con l'architettura storica, la magia dei giardini incantati e la maestosità delle cattedrali, creando un'esperienza visiva che cattura l'ampia gamma di meraviglie presenti nel nostro mondo.

49

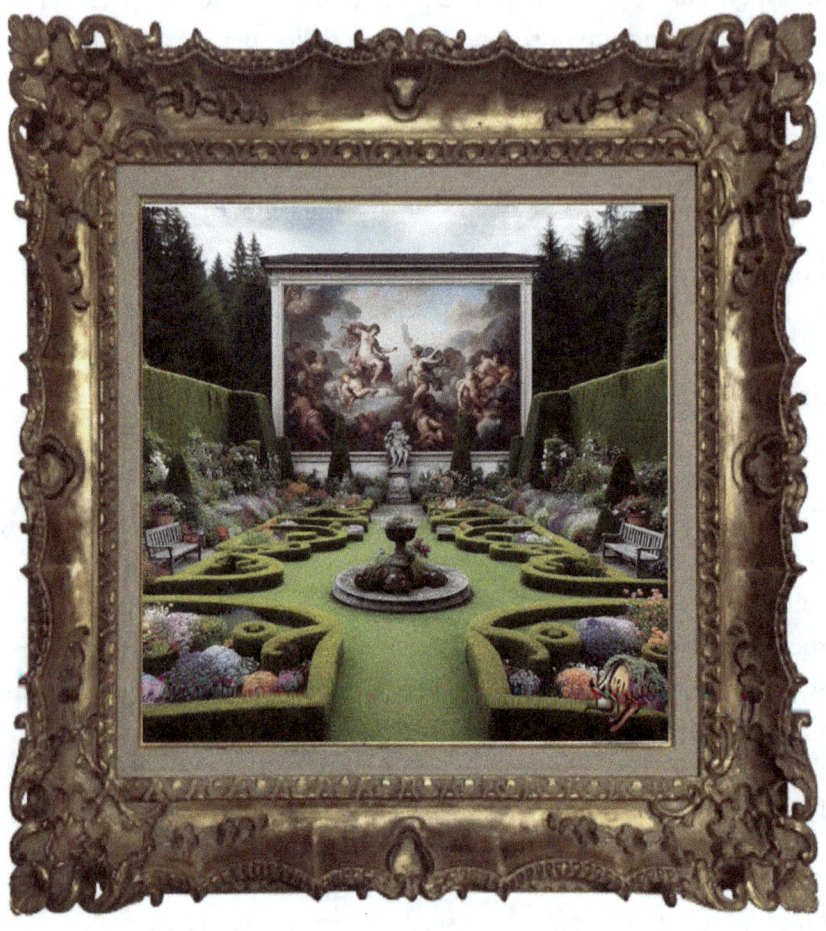

49

IL GIARDINO INCANTATO

Il quadro che ho avuto l'opportunità di contemplare mi ha trasportato in un mondo di pura meraviglia, un giardino incantato rivelato in tutta la sua magnificenza. La rappresentazione di questo luogo straordinario ha catturato la mia immaginazione in modi che vanno ben oltre le parole.

Il dipinto trasmette un senso di solitudine pacifica, con il giardino apparentemente ritagliato in mezzo a una vasta foresta di pini. La percezione di questo luogo separato, con un prato impeccabile al centro, è sorprendente. Il prato sembra quasi un tappeto verde, un'oasi di serenità nel cuore della natura selvaggia.

Al centro del giardino, un vaso ad anfora colmo di fiori offre un tocco di vita e colore. Gli alberi e le siepi sono scolpiti con una precisione geometrica che rievoca l'arte dei giardini formali rinascimentali. Questa meticolosa attenzione ai dettagli nei fiori e nelle siepi crea un contrasto affascinante con la natura circostante.

Ma la parte veramente straordinaria di questa rappresentazione è ciò che si cela nel fondo del quadro. Una statua enigmatica, posizionata con maestria, si staglia contro il verde del giardino. La figura sembra pronta a svelare un segreto antico e misterioso, invitando lo spettatore a immergersi più a fondo in questa dimensione magica.

Non da meno, la parete affrescata nel fondo del giardino, una straordinaria opera d'arte. Il dipinto su di essa evoca i capolavori dei grandi maestri rinascimentali. Figure di svariati tipi volteggiano sulle nuvole dai particolari colori, creando un'atmosfera ultraterrena. La combinazione di elementi naturali e di pittura classica conferisce a questa scena un'aura di magia e mistero.

Guardando questo quadro, ci si sente davvero come trasportati in un luogo fuori dal tempo, un giardino segreto e incantato che sfida le convenzioni della realtà. È un'opera d'arte che incanta e incanta di nuovo, regalando uno sguardo nell'immaginazione dell'artista e aprendo una finestra su un mondo di bellezza eterea. Un'esperienza visiva e spirituale che non potrà mai essere dimenticata.

A cura di *Rosanna Ciliberti*

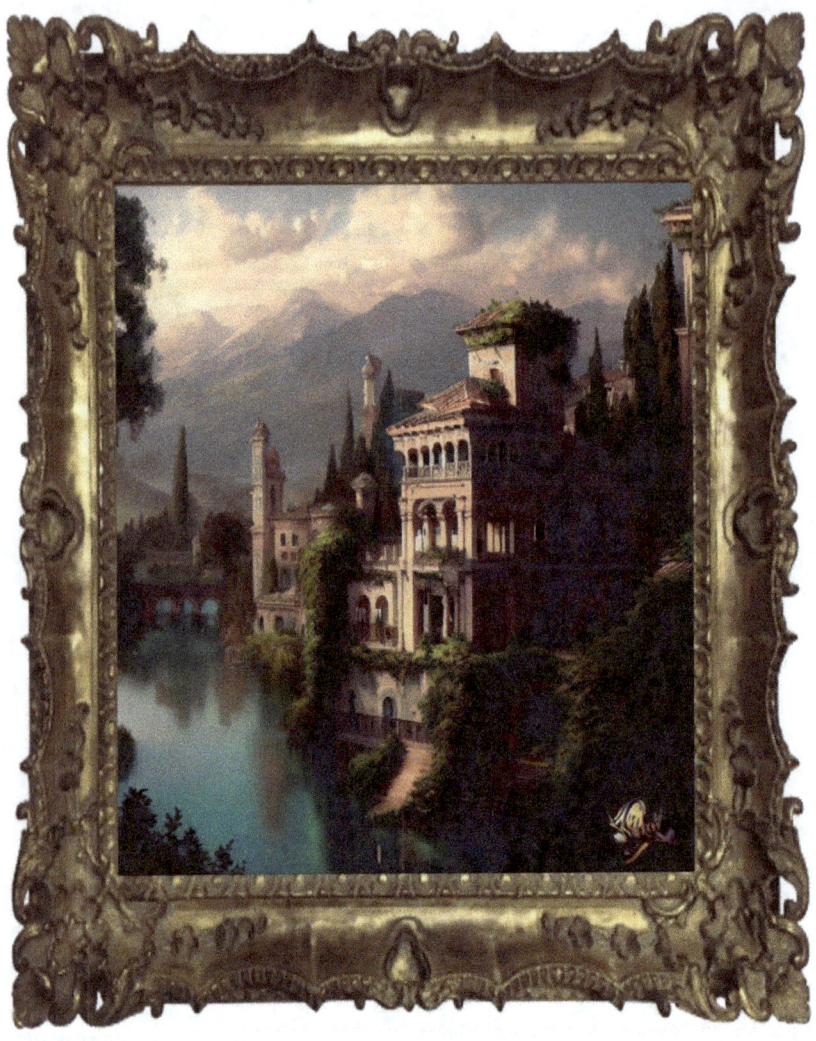

PALAZZO SUL FIUME

Il quadro "Il palazzo sul fiume" cattura l'essenza dell'eleganza e dell'opulenza in modo affascinante. Quest'opera d'arte incarna il romanticismo e la bellezza intrinseca di un preciso periodo storico, attraverso un sontuoso palazzo che si erge maestosamente su una scenografica cornice naturale.

Il palazzo in stile rinascimentale è il fulcro di questa composizione. I dettagli architettonici e la sontuosità delle facciate delle case sono davvero affascinanti. I colori caldi e romantici contribuiscono a creare un'atmosfera accogliente e suggestiva. I portici e i terrazzi che si innalzano verso l'alto conferiscono all'edificio una dimensione tridimensionale e un senso di grandiosità. L'uso di colori affascinanti contribuisce a catturare lo spettatore, trasmettendo un senso di bellezza eterea. Il fiume dalle acque verdi e calme, simili a un lago, aggiunge un elemento di serenità all'opera. L'immagine delle acque ferme crea un effetto specchio, che riflette il palazzo e contribuisce a rafforzare il senso di magia e bellezza. La scala in pietra che si snoda dal fiume al palazzo aggiunge un tocco di realismo e invita lo spettatore a immaginare chi possa accedere a questa dimora di lusso. Una natura rigogliosa circonda il palazzo. La presenza di alberi, fiori e vegetazione lussureggiante crea un contrasto affascinante con la grandiosità delle dimore rinascimentali.

Questa natura abbondante partecipa attivamente alla scena, offrendo un contrappunto alla maestosità delle architetture umane. In sintesi, il quadro incanta lo spettatore con una visione di un mondo lussuoso e romantico. Il palazzo rinascimentale, con i suoi colori affascinanti, si staglia in modo maestoso su un paesaggio di bellezza naturale. Questa rappresentazione incarna il rinascimento in tutta la sua gloria artistica e offre uno sguardo al passato, quando l'arte e l'architettura erano intrise di bellezza e raffinatezza.

A cura di *Lucia Oniri*

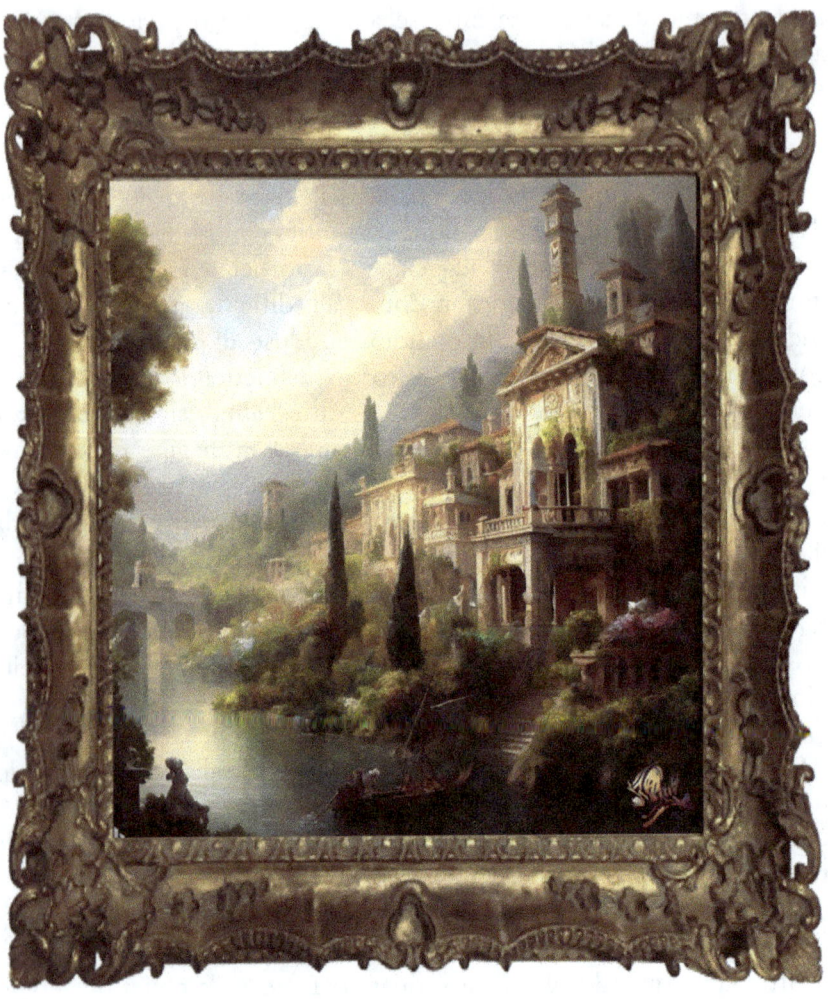

51

L'HO VISTO IN SOGNO

Il quadro "L'ho visto in sogno" è un'opera che cattura l'immaginazione con una visione mozzafiato di un mondo idilliaco e lussureggiante. L'artista ha creato un ambiente che sembra essere uscito da un sogno, con raffinate abitazioni che dominano la scena.

Il primo elemento che cattura l'attenzione sono le sontuose case di stile rinascimentale. Queste dimore evocano un senso di eleganza e grandiosità, con i loro terrazzi e porticati magnificamente decorati. Le facciate delle case sembrano essere state scolpite da maestri artigiani, con dettagli intricati e ornamenti che aggiungono un tocco di opulenza all'ambiente. Il fiume che lambisce le case aggiunge un elemento di serenità e tranquillità. L'acqua scorre dolcemente, riflettendo la luce del sole e creando un'atmosfera rilassante. La scala in marmo che conduce dal fiume alle case è un dettaglio affascinante, che sembra invitare gli spettatori a esplorare questo mondo incantato.

La presenza di una barca a vela ormeggiata di fronte alla scala aggiunge un tocco di romanticismo all'opera. Sembra suggerire la possibilità di avventure e viaggi, oltre alla bellezza statica dell'ambiente circostante. Ma forse ciò che rende davvero speciale questo quadro è la transizione dalla lussureggiante natura al paesaggio delle case. L'artista l'ha resa in modo magistrale, con una vegetazione rigogliosa che separa la sfera umana da quella naturale. Questa transizione evoca un senso di armonia tra l'opulenza delle dimore e la bellezza della natura circostante.

In sintesi, il quadro "l'ho visto in sogno" è un'opera che incanta lo spettatore con la visione di un mondo idilliaco. Le case rinascimentali, il fiume, la barca a vela e la natura rigogliosa si fondono in una rappresentazione che trasmette una sensazione di pace, bellezza e serenità. L'artista ha creato un luogo che sembra lontano dalla realtà, un sogno reso visibile sulla tela.

A cura di *Lucia Onirica*

52

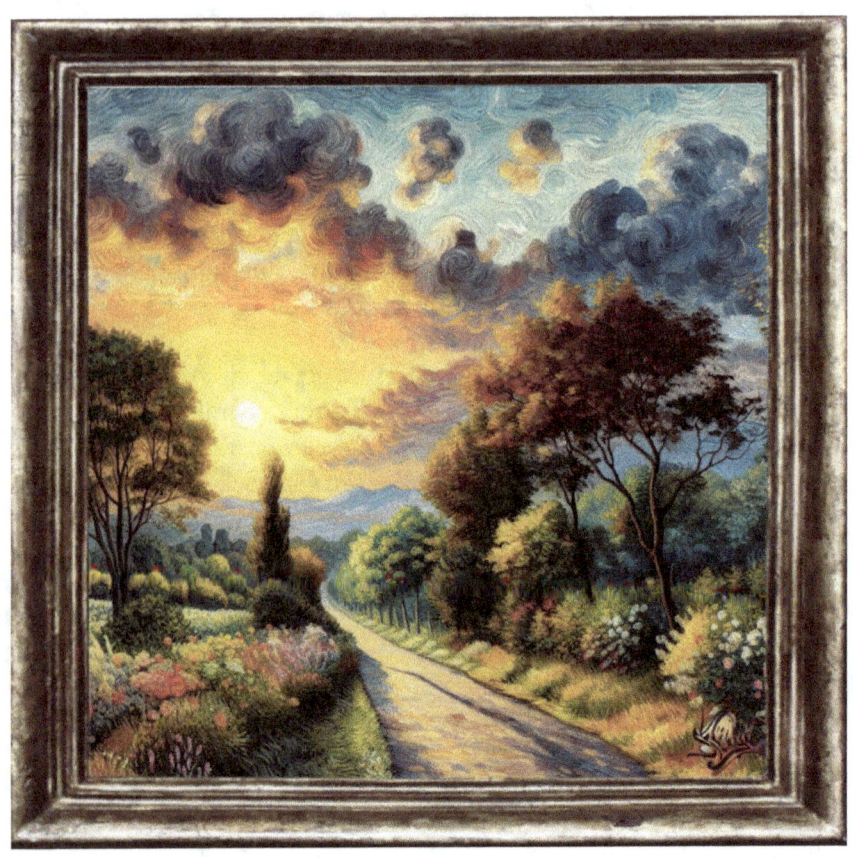

STRADA DI CAMPAGNA

Il quadro "Strada di campagna" è un'opera che evoca un'atmosfera naturale e suggestiva, catturando la bellezza della campagna in tutto il suo splendore. L'artista ha utilizzato la tecnica del post impressionismo per aggiungere un tocco particolare a questa rappresentazione. La strada di campagna in terra battuta che si perde sotto le colline all'orizzonte, crea una sensazione di profondità e invita lo spettatore a esplorare questo paesaggio rurale.

Le tonalità terrose della strada si sposano armoniosamente con la natura circostante, conferendo una sensazione di calma e semplicità. La bellezza della natura è evidente attraverso la visione di fiori e piante di una bellezza commovente. Questi elementi naturali aggiungono vita e colore al quadro, creando l'immagine di un ambiente vivo e incontaminato. La varietà di forme e colori rende questa parte del dipinto particolarmente emozionante e suggestiva. Il tramonto con i suoi colori caldi, romantici ed emozionanti è uno dei punti focali dell'opera. La luce dorata del sole che si riflette sulla strada e sulla natura circostante crea un'atmosfera avvolgente. Le nuvole che si sposano con il colore del sole aggiungono ulteriore bellezza e profondità al cielo, evocando un senso di meraviglia e incanto.

La tecnica del post impressionismo, con la sua enfasi sulla resa delle emozioni e delle sensazioni, aggiunge un fascino particolare al quadro. Questo stile artistico si concentra su dettagli e colori vibranti che possono trasmettere un senso di vitalità e intensità emotiva. In questo caso, l'artista ha catturato la bellezza della natura e l'atmosfera del tramonto in modo straordinario, rendendo l'opera coinvolgente e affascinante.

In sintesi, il quadro con la strada sterrata, la natura splendente, il tramonto e la tecnica del post impressionismo cattura l'essenza della bellezza della campagna in un modo emozionante e coinvolgente.

Quest'opera trasmette una profonda connessione con la natura e offre al pubblico uno sguardo affascinante su un momento di pace e bellezza in un ambiente rurale.

A cura di *Lucia Oniri*

53

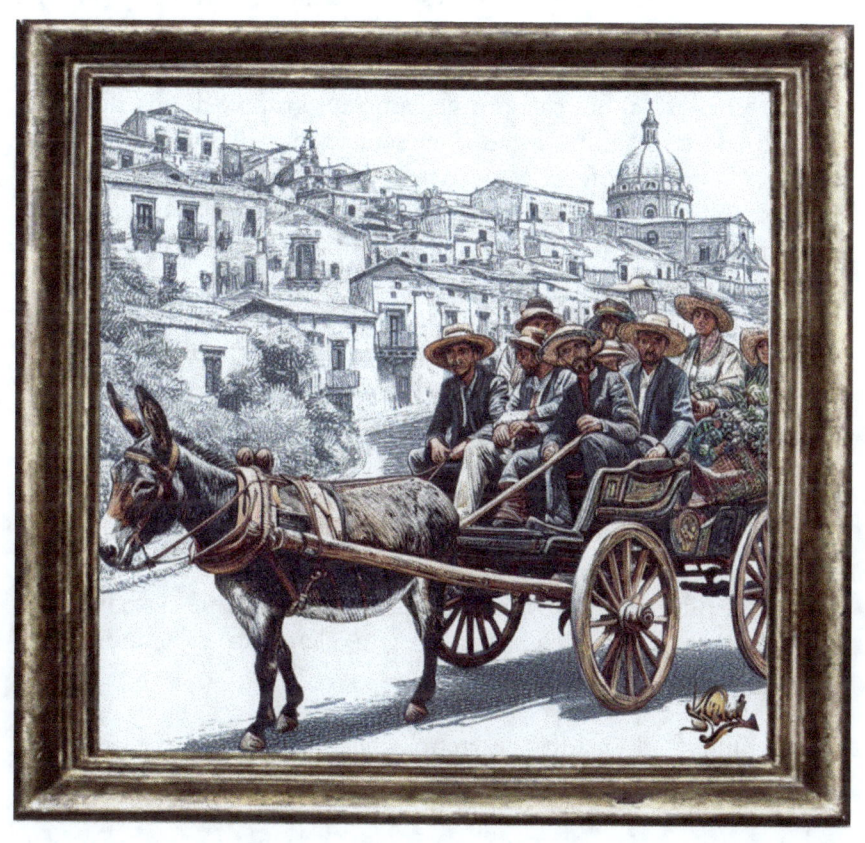

153

53

CARRETTO SICILIANO

Quest'opera cattura l'essenza vivace e pittoresca della cultura siciliana. L'artista ha sapientemente creato una scena che racconta una storia vivida e coinvolgente. Al centro del dipinto c'è il carretto siciliano tipicamente colorato, con il suo design intricato e le tonalità vibranti. L'asino che traina il carretto aggiunge un tocco di autenticità a questa rappresentazione, evocando l'immagine di una tradizionale modalità di trasporto nell'isola. Sul carretto vediamo un gruppo di una decina di persone adulte in abiti eleganti, evidentemente dirette a un evento pubblico, come una festa o un matrimonio. L'aria festaiola e gioiosa che traspare dai partecipanti contribuisce a creare un'atmosfera vivace e coinvolgente.

Ciò che rende questa opera unica è il contrasto tra il carretto e il contesto circostante. Mentre il carretto e l'asinello sono dipinti con colori vivaci e dettagliati, il resto del contesto è in chiaro scuro. Questo contrasto mette in risalto il carretto e il suo carico umano, evidenziando l'importanza che aveva questo mezzo di trasporto nella cultura siciliana. Nel fondo del quadro, emerge il paesaggio di un bel borgo siciliano che si sviluppa in altezza sul pendio di una collina. Le case si ergono una sull'altra, creando un'impressione di comunità e tradizione. Alla sommità del borgo spicca un'imponente cattedrale con una sontuosa cupola, che aggiunge un elemento di grandiosità e spiritualità alla scena.

In definitiva, il quadro "carretto siciliano" cattura con maestria l'anima vibrante e colorata della Sicilia. L'artista è riuscito a rappresentare non solo il mezzo di trasporto tradizionale e le persone che lo utilizzano, ma anche l'importanza della comunità e della tradizione nella cultura siciliana. Il contrasto tra il carretto e il contesto circostante rende questa opera affascinante e coinvolgente, invitando lo spettatore a immergersi nell'atmosfera unica di un'isola meravigliosa.

A cura di *Carmela Borghi*

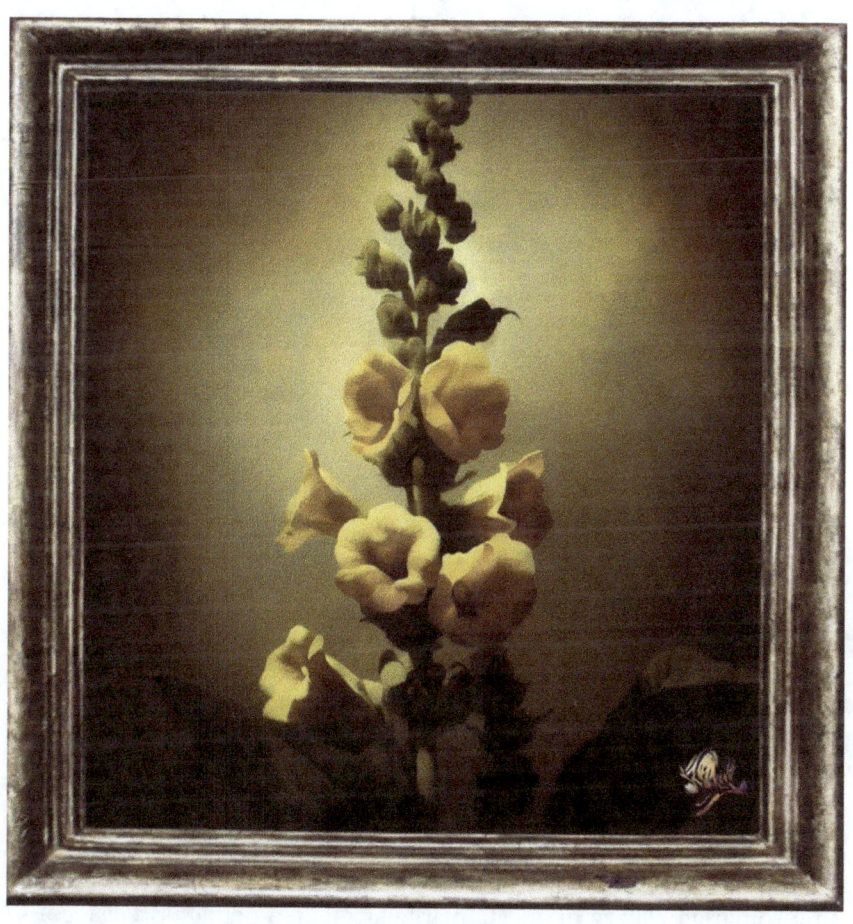

54

VERBASCO

Il quadro che ritrae la pianta del verbasco in fioritura è un'opera che cattura la bellezza e la maestosità della natura. L'artista ha saputo cogliere l'essenza di questa affascinante pianta, enfatizzando i dettagli della sua infiorescenza con colori caldi e una luce gialla intensa.

Al centro dell'opera spicca l'infiorescenza a racemo del verbasco, magistralmente rappresentata. I fiori alla base, aperti e radianti, catturano l'attenzione con la loro bellezza e delicatezza. La forma e il dettaglio dei petali sono resi con precisione, trasmettendo una sensazione di fragilità e perfezione. Dall'altra parte dell'infiorescenza, i fiori alla punta ancora chiusi suggeriscono un senso di attesa, quasi a rappresentare il ciclo naturale della pianta, dal germoglio alla fioritura completa.

Questo simbolismo aggiunge profondità al quadro, invitando il pubblico a riflettere sul concetto di crescita e trasformazione. La scelta di colori caldi, con una luce gialla intensa, aggiunge un tocco di magia e bellezza all'opera. Il giallo brillante dei fiori risalta in modo sorprendente contro lo sfondo scuro, creando un effetto di luce e ombra che sottolinea ulteriormente la bellezza del verbasco. La luce gialla sembra irradiare dai fiori, conferendo loro una luminosità e un'aura di calore. Il contesto scuro in cui emerge la pianta enfatizza il soggetto principale, mettendo in evidenza la sua bellezza e importanza. Questo contrasto tra la pianta in primo piano e lo sfondo scuro contribuisce a creare una composizione visivamente coinvolgente.

In sintesi, il quadro che ritrae il verbasco in fioritura è un'opera di grande bellezza e profondità. L'artista è riuscito a catturare la straordinaria bellezza di questa pianta attraverso dettagli precisi, colori intensi e un gioco di luci e ombre emozionante. L'opera invita lo spettatore a riflettere sulla natura, sulla crescita e sulla bellezza intrinseca della vita vegetale.

A cura di *Luciana Giglio*

55

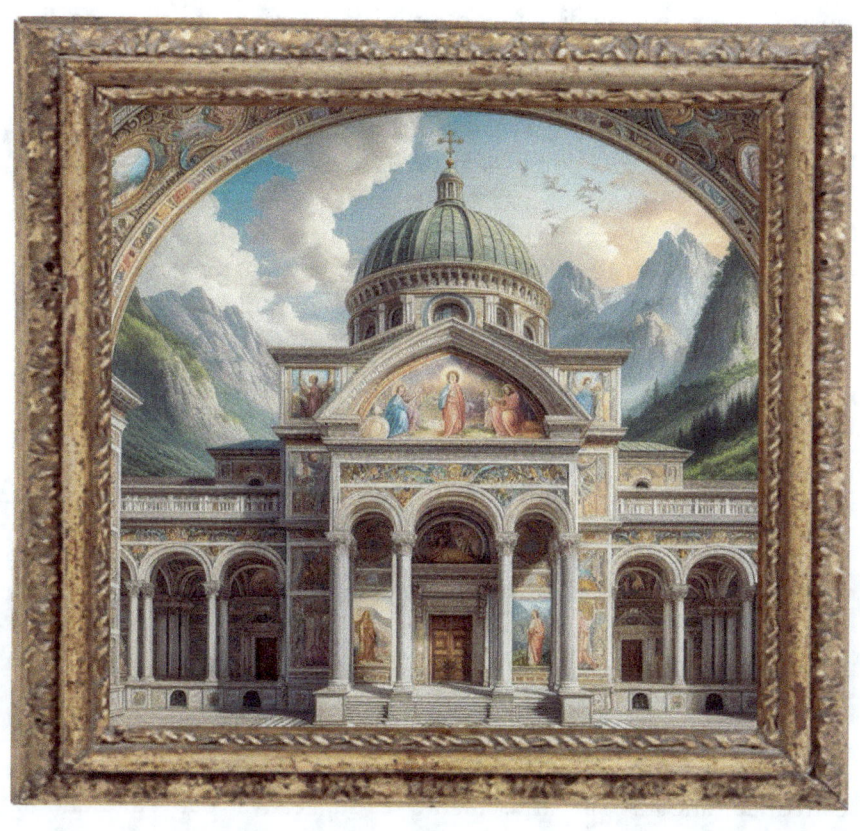

55

LA CATTEDRALE

Una maestosa cattedrale in un'atmosfera incantevole. La centralità dell'edificio nella composizione conferisce un senso di importanza e grandezza, suggerendo che esso sia al centro della vita e della spiritualità della comunità circostante. L'entrata principale, con le sue quattro colonne centrali, è una caratteristica imponente che accoglie i visitatori con una sensazione di maestosità. La parte centrale offre un senso di protezione e solennità, invitando le persone a entrare nell'edificio con rispetto e reverenza. I portici laterali con colonne più piccole aggiungono una simmetria equilibrata alla struttura, contribuendo alla sua bellezza architettonica complessiva.

Questi elementi possono anche fornire spazio per attività e cerimonie all'aperto, creando un ambiente versatile e accogliente. La maestosa cupola è un punto focale notevole. La sua imponenza e dettagli architettonici riflettono il talento e l'abilità degli artigiani che hanno contribuito a costruire questa struttura. La cupola potrebbe simboleggiare la spiritualità e l'aspirazione verso il divino, sollevando lo sguardo dei fedeli verso il cielo.

Il paesaggio di montagne e il cielo leggermente nuvoloso creano uno sfondo suggestivo. Le montagne potrebbero rappresentare la stabilità e la durata della fede, mentre le nuvole potrebbero simboleggiare la presenza del divino e l'incertezza che caratterizza la fede umana. Le facciate dipinte con figure in stile rinascimentale aggiungono un tocco di eleganza e storia all'edificio, mostrando un profondo rispetto per la tradizione artistica e religiosa. Questi dettagli possono rendere la cattedrale ancora più affascinante e suggestiva per chiunque la contempli. Nel complesso, il quadro cattura l'essenza di una cattedrale maestosa, sottolineando la sua importanza e la sua bellezza, mentre la natura circostante e il cielo aggiungono un'atmosfera di sacralità e riflessione.

A cura di *Luciana Giglio*

158

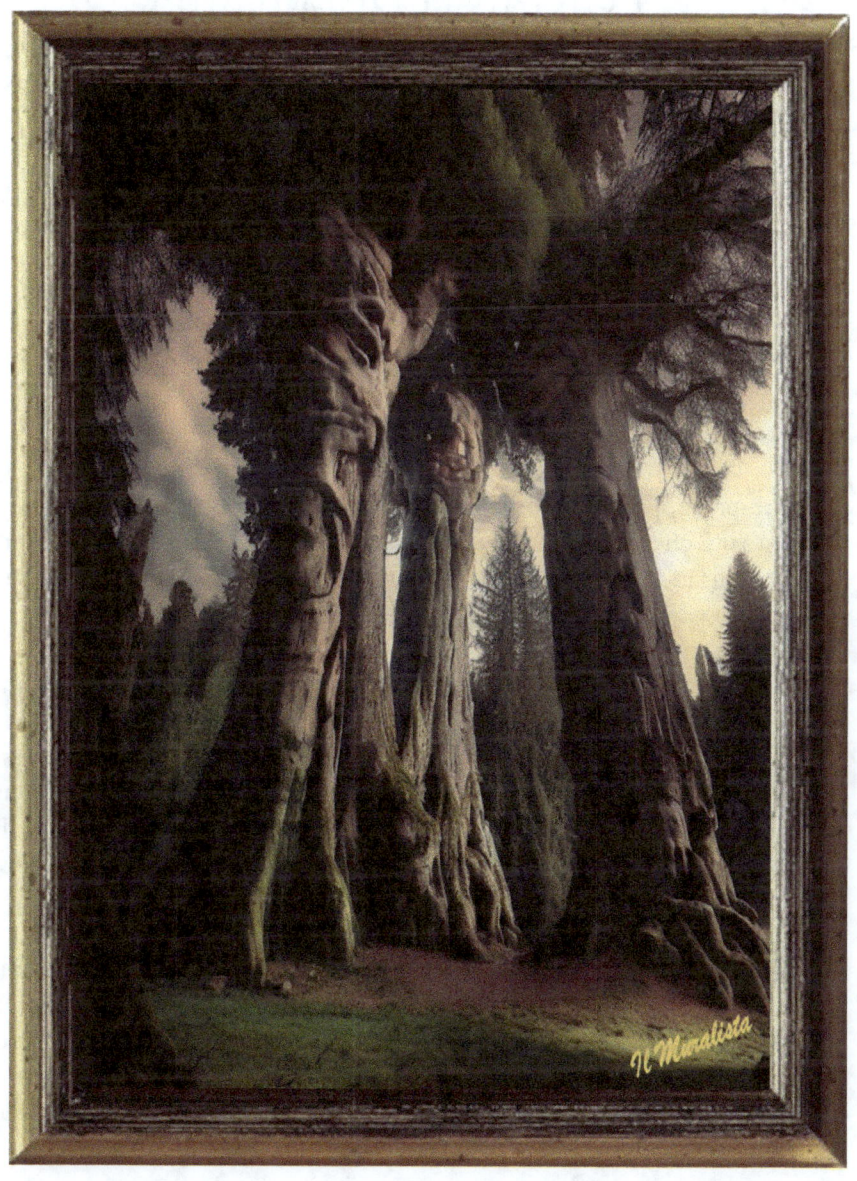

56

I GIGANTI DELLA SILA

Il quadro cattura in modo straordinario l'essenza di questi maestosi alberi ultracentenari, situati nella Sila, in Calabria. L'artista ha reso omaggio alla grandezza di questi alberi attraverso una prospettiva insolita e coinvolgente, che enfatizza la loro imponenza e li fa sembrare quasi come dei giganti veri e propri. La scelta di rappresentare gli alberi dall'alto verso il basso, come se lo spettatore li stesse osservando dal basso verso l'alto, è una decisione audace ma efficace. Questa prospettiva insolita trasforma i giganti della Sila in figure possenti e straordinarie. La sommità degli alberi, dove iniziano i rami, sembra sfiorare il cielo, dando l'illusione che questi alberi siano colossi nella foresta.

Questa rappresentazione evoca una sensazione di grandezza e maestosità che cattura l'immaginazione. I dettagli degli alberi sono stati resi con grande precisione e la loro cura aggiunge un tocco di realismo all'opera, permettendo allo spettatore di immergersi completamente nella visione di questi alberi iconici. Ma, nello stesso tempo, alla sommità del tronco sono abbozzati i tratti del viso di una figura umana che offre una prospettiva misteriosa all'opera. Questo quadro celebra non solo la bellezza della natura, ma anche la sensazione di meraviglia che la natura può ispirare. Gli alberi ultracentenari della Sila sono testimoni della forza e della resilienza della natura nel corso dei secoli, e questa rappresentazione artistica cattura in modo affascinante la loro grandezza e la loro importanza.

In sintesi, "I Giganti della Sila" è un'opera che trasmette una profonda ammirazione per la magnificenza della natura e degli alberi ultracentenari che popolano la Sila. L'uso della prospettiva e la cura dei dettagli rendono questa rappresentazione straordinaria e coinvolgente, invitando lo spettatore a contemplare la grandezza della natura e la sua eterna bellezza.

A cura di *Luciana Giglio*

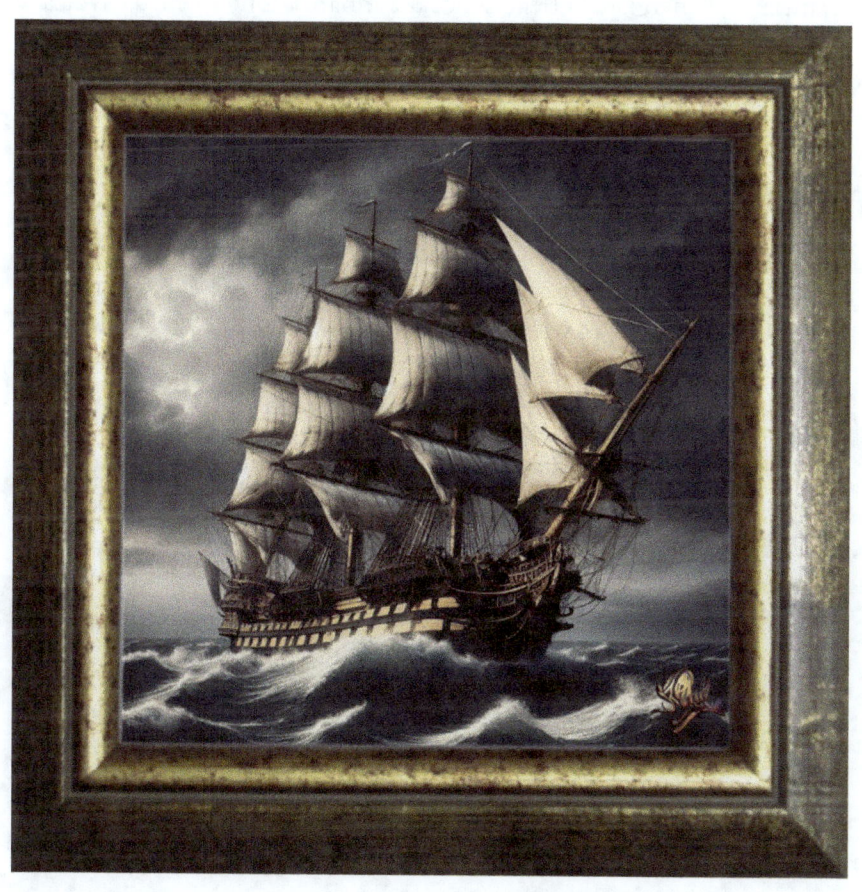

VELIERO CON VENTO IN POPPA

Il quadro sembra essere una rappresentazione affascinante e dettagliata di un veliero del passato in navigazione con il vento in poppa. L'opera trasmette una sensazione di avventura e movimento, catturando l'energia e la bellezza di un'imbarcazione mentre cavalca le onde e si dirige verso la sua destinazione. La scelta di rappresentare il veliero con quattro alberi e numerose vele suggerisce una nave di notevole dimensione e complessità, che evoca una sensazione di maestosità. Questi dettagli anatomici danno al quadro una profondità e una raffinatezza che lo rendono davvero notevole.

La rappresentazione del cielo molto nuvoloso e delle acque agitate suggerisce una situazione atmosferica intensa e dinamica, creando una sensazione di tensione e avventura. Tuttavia, il fatto che il veliero stia cavalcando con sicurezza le onde e si diriga dritto verso la sua destinazione trasmette una sensazione di determinazione e coraggio.

Il colore scuro delle nuvole che si confonde con il mare suggerisce un senso di mistero e incertezza ma, allo stesso tempo, fa risaltare ancor di più i colori del veliero. Il legno lucido e le vele perfettamente riprodotte mettono in evidenza la bellezza e la maestria dell'opera, mostrando un'attenzione straordinaria ai particolari.

In generale, "Veliero con vento in poppa" sembra essere un quadro che cattura l'essenza dell'avventura marina, con una particolare enfasi sulla maestosità e sulla bellezza del veliero stesso. La scelta di colori e la ricerca dei dettagli sembra essere stata eseguita con grande maestria, rendendo l'opera visivamente accattivante e coinvolgente per gli spettatori.

A cura di *Luciana Giglio*

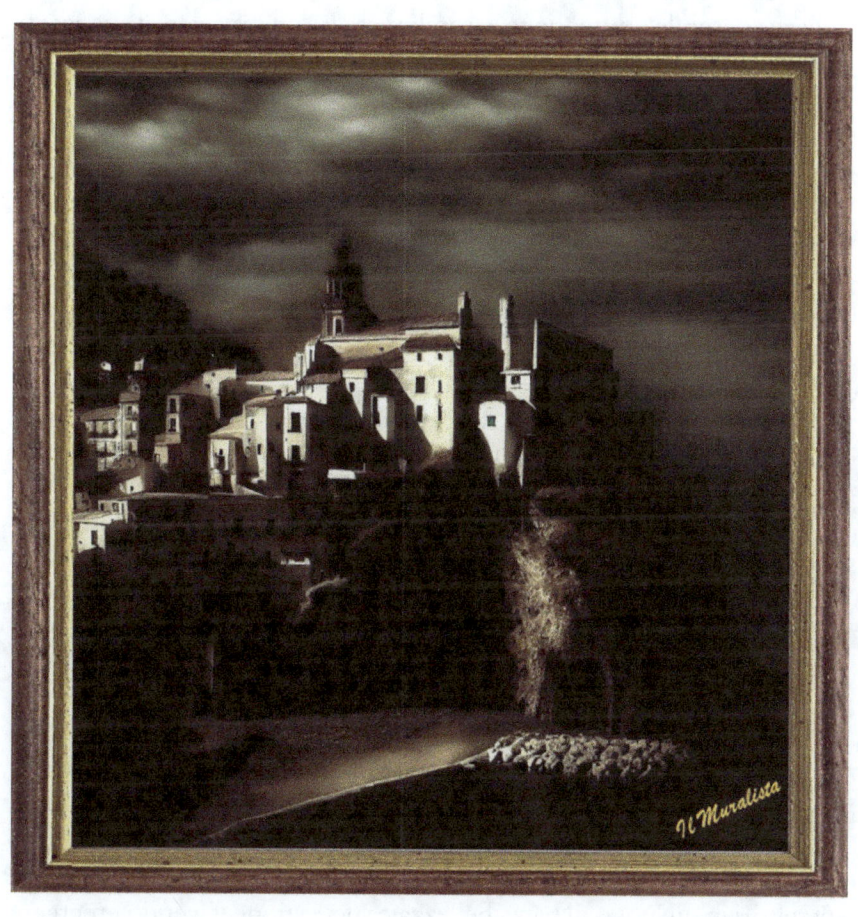

58

BORGO COSTIERO

Il quadro che raffigura un borgo costiero è un'opera affascinante che cattura l'essenza di un pittoresco villaggio situato su un promontorio roccioso che si affaccia sul mare. L'opera evoca una sensazione di bellezza naturale e autenticità, e sembra essere un omaggio ai suggestivi borghi marinari della costiera amalfitana.

La scelta di posizionare il borgo su un promontorio roccioso conferisce al quadro un'impressionante profondità e una vista panoramica. Le case, una sull'altra, creano una scena pittoresca e suggestiva, dando un senso di comunità e vita a questa località costiera. La presenza di una chiesa con il suo campanile che spicca in alto aggiunge un tocco di spiritualità e tradizione al quadro. La spiaggetta dorata in basso suggerisce un'atmosfera rilassante e un luogo di ritrovo per i residenti e i visitatori. Le acque calme e scure del mare creano un contrasto interessante con il cielo nuvoloso, conferendo al quadro una sensazione di mistero e tranquillità.

Il dettaglio che più risalta nel quadro sono le case illuminate dalla luna in un cielo nuvoloso. Ciò crea un'atmosfera magica e suggestiva, in cui il borgo sembra risplendere sotto la luce argentea della luna. L'artista ha chiaramente prestato molta attenzione ai dettagli e ai colori per catturare questa atmosfera notturna.

In generale, il quadro di questo borgo costiero cattura in modo superbo l'essenza e la bellezza dei borghi marinari tipici della costiera amalfitana. La combinazione di paesaggio naturale e vita umana, unita alla maestria dell'artista nel catturare l'atmosfera notturna, rende questa opera visivamente coinvolgente e affascinante. Riesce a trasportare gli spettatori in un luogo di pace, bellezza e suggestione, facendo emergere una profonda emozione e ammirazione per la bellezza della costa e della cultura italiana.

A cura di *Carmela Borghi*

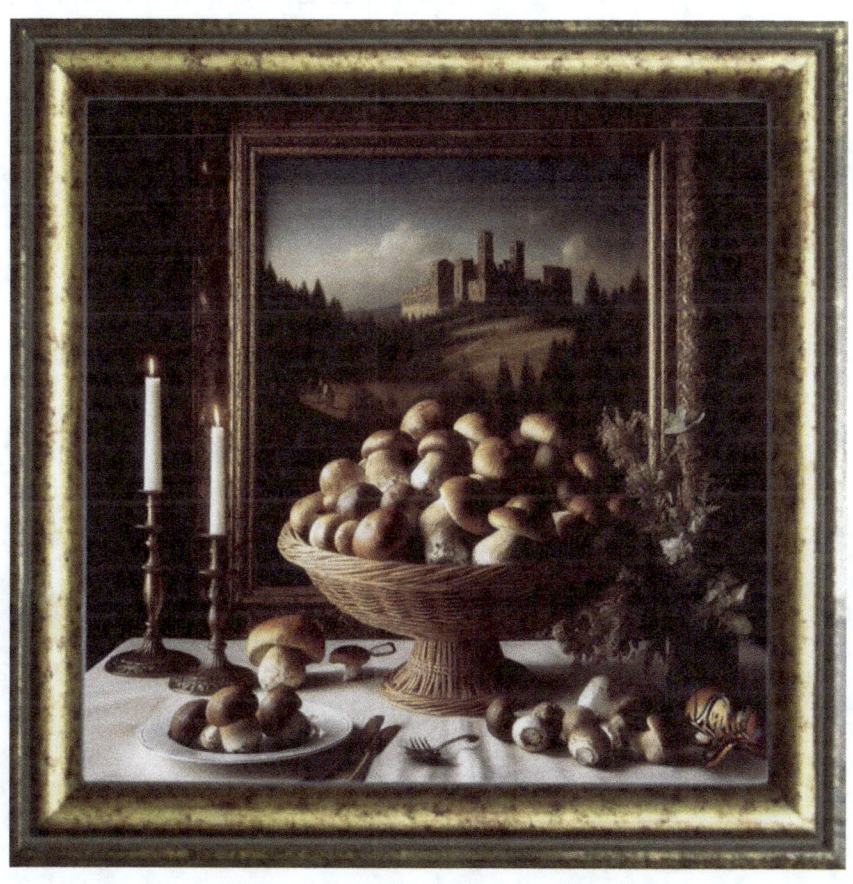

59

CESTO DI FUNGHI

Questo quadro è una rappresentazione incantevole di un cesto di funghi porcini situato su un tavolo con due candelabri e, sullo sfondo, il quadro di un castello su una collina. L'immagine cattura una sensazione di eleganza e rusticità al tempo stesso. I funghi porcini sono i protagonisti della composizione. Sono raffigurati con una maestria incredibile e con una cura meticolosa per i dettagli. Ogni fungo ha una forma perfetta e un colore ricco, che li rende irresistibilmente invitanti.

La luce sembra giocare su di essi, mettendo in risalto le sfumature di marrone e bianco. Si può quasi percepire la consistenza della loro carne e il loro profumo, il che è un segno di abilità da parte dell'artista nel catturare la natura realistica dei funghi.

I candelabri sul tavolo aggiungono un tocco di sofisticatezza all'immagine. Le candele accese proiettano un bagliore caldo e avvolgente, creando un'atmosfera accogliente e romantica. La loro presenza fa sembrare che il tavolo sia pronto per una cena speciale, e l'intero quadro trasmette un senso di intimità. Lo sfondo con il quadro del castello su una collina aggiunge profondità e una sensazione di storia al dipinto. Questo elemento suggerisce una connessione tra i funghi raccolti nella proprietà del castello e l'edificio storico stesso, aggiungendo un ulteriore livello di significato e storia all'opera. Nel complesso, questo quadro è un'opera d'arte affascinante che combina abilmente la bellezza della natura con l'arte e la storia. L'artista ha catturato l'essenza dei funghi porcini e li ha presentati in un contesto che li eleva, trasmettendo un senso di meraviglia e ammirazione.

A cura di *Luciana Giglio*

60

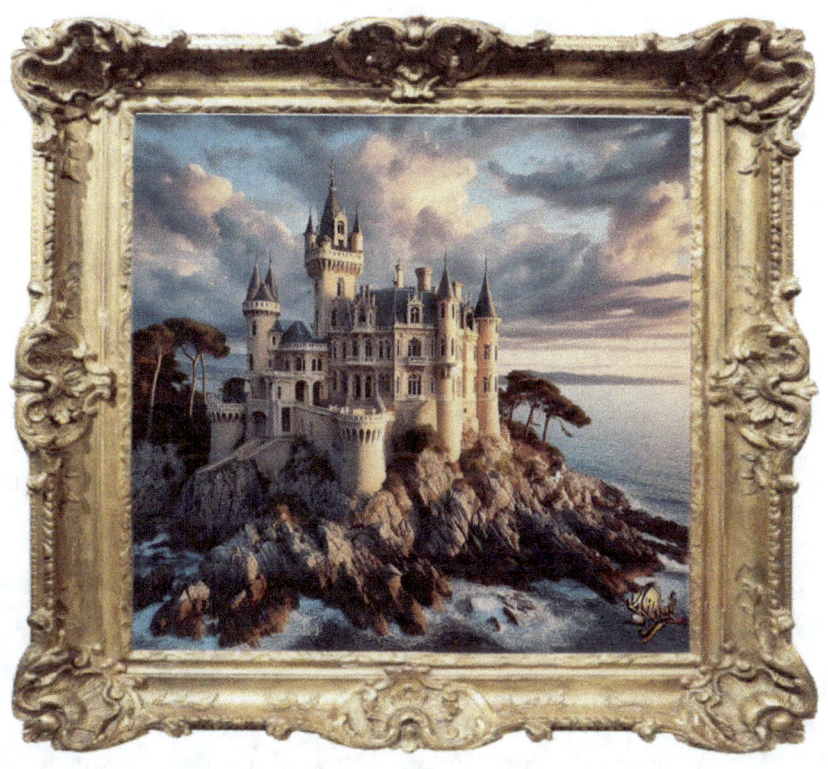

60

CASTELLO DA SOGNO

Un maestoso e principesco castello situato su un promontorio roccioso che si affaccia sul mare. L'uso del colore delle nuvole e del castello crea un'atmosfera davvero magica, evocando il mondo delle favole e delle leggende. Il castello stesso è una maestosa opera d'arte architettonica che rievoca i castelli del Nord Europa. La sua struttura imponente e le torri slanciate conferiscono un senso di grandezza e autorità. Posizionato su un promontorio roccioso, sembra dominare il paesaggio circostante, simboleggiando potenza e prestigio. Le nuvole nel cielo sono dipinte con una varietà di tonalità, creando un contrasto vibrante tra il blu del cielo e i toni dorati, arancioni e rosa delle nuvole.

Questa scelta cromatica contribuisce a creare un'atmosfera surreale e incantata, come se il castello fosse avvolto da una magia mistica. Le nuvole sembrano danzare intorno al castello, aggiungendo un elemento di movimento e vitalità all'opera. L'insieme di questi elementi cromatici e architettonici evoca davvero il mondo delle fiabe e delle storie di principi e principesse.

Il quadro trasmette una sensazione di meraviglia e ammirazione, invitando lo spettatore a immaginare le storie e le avventure che potrebbero svolgersi in questo luogo fiabesco. È un'opera che cattura l'immaginazione e offre una fuga verso un mondo di magia e fantasia.

In sintesi, questo quadro è un'opera straordinaria che trasmette un senso di maestosità e magia. L'artista ha abilmente creato un'atmosfera che ci trasporta in un regno di sogni e fantasie, dove il castello sul promontorio roccioso domina il paesaggio e le nuvole si colorano di mistero e meraviglia.

A cura di *Luciana Giglio*

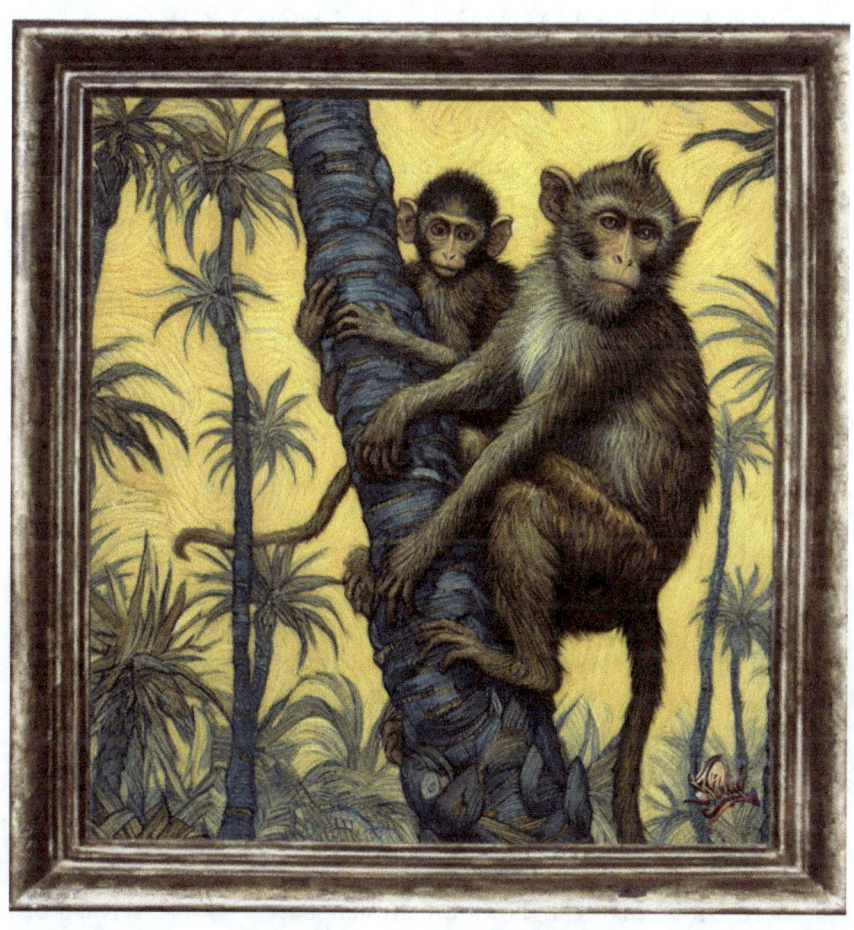

61

LA MAMMA E IL SUO PICCOLO

Una toccante scena di una mamma e il suo piccolo, rifugiati in cima a una palma nella foresta tropicale. L'immagine cattura una profonda sensazione di protezione e amore materno, oltre a evidenziare l'ingegno e l'adattamento della madre scimmia per tenere al sicuro il suo piccolo. La scelta di rappresentare le scimmie su una palma suggerisce che la madre ha trovato un rifugio inaccessibile ai predatori, scegliendo un ambiente sicuro per il suo cucciolo.

La madre scimmia è ritratta attenta all'ambiente circostante, sicura come chi sa quello che fa e con un'espressione amorevole e protettiva mentre tiene il suo piccolo vicino a sé sulla palma. Questa scena trasmette un forte senso di responsabilità materna.

La rappresentazione dell'ambiente circostante, con tutti i pericoli della foresta, aggiunge un elemento di tensione alla scena. La scimmia, tuttavia, ha trovato una soluzione astuta per proteggere il suo piccolo, dimostrando la saggezza e l'ingegno della natura.

Questo quadro offre un messaggio di amore, protezione e resilienza. Rappresenta una scena commovente che richiama l'istinto materno e la forza dell'adattamento nella natura. L'artista ha catturato l'essenza di questa relazione madre-figlio in un ambiente selvaggio, se selvaggio si può definire un am-biente naturale, creando un'opera d'arte che ispira compassione e ammirazione.

A cura di *Luciana Giglio*

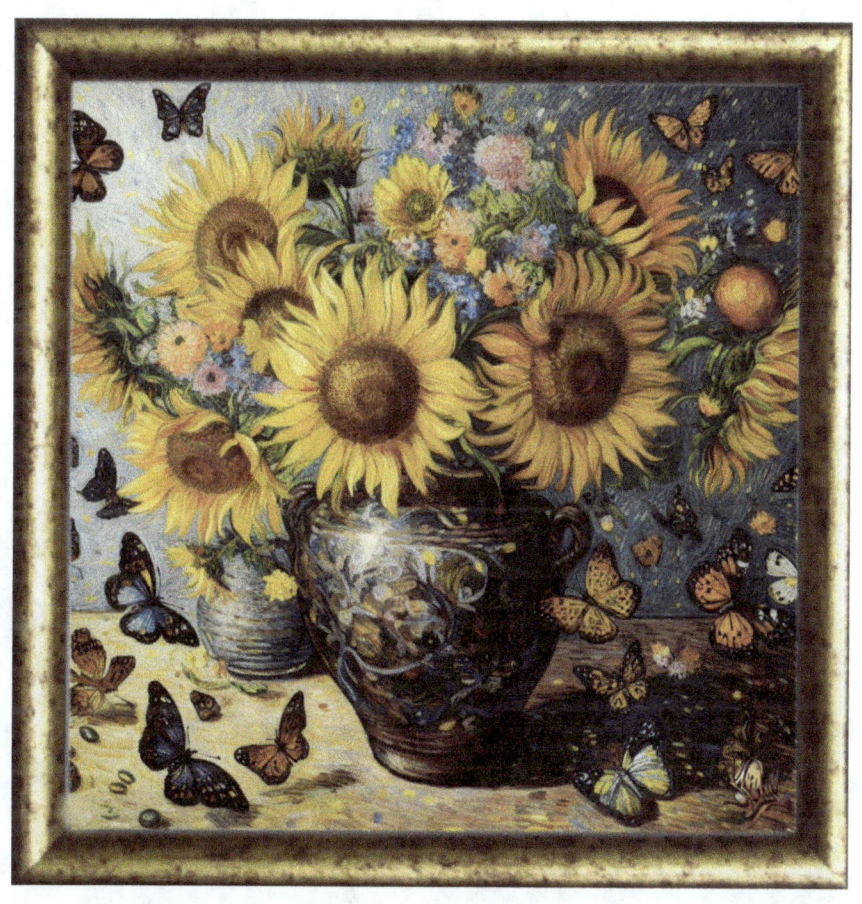

62

VASO DI GIRASOLI

Un dipinto che evoca un'immagine vibrante e piena di vitalità, con una composizione che celebra la bellezza della natura e della vita. La scelta di dipingere un vaso di bellissimi girasoli è determinata dalla volontà di creare un'atmosfera positiva e luminosa. La varietà di colori utilizzati per dipingere il vaso, con pennellate che sembrano imitare i fiori di campo, contribuisce a creare un effetto artistico e dinamico.

L'uso di tonalità scure per il vaso potrebbe conferire un contrasto interessante con i colori vivaci dei girasoli, creando una perfetta armonia visiva. La rappresentazione del cielo pieno di colori con un piccolo sole che assomiglia al cuore di un fiore, aggiunge un tocco poetico e simbolico al dipinto.

Questo elemento può essere interpretato come una connessione tra il mondo terreno dei fiori nel vaso e il cielo, creando un senso di unità e armonia tra la terra e il cielo. Le farfalle che svolazzano intorno al vaso aggiungono un elemento dinamico e giocoso al quadro, offrendo ulteriori colori e movimento. La presenza di farfalle può anche evocare simbolismi di trasformazione e libertà, contribuendo ad arricchire il significato emotivo del dipinto.

Nel complesso, il dipinto sembra essere un'ode alla bellezza della natura, con una combinazione di elementi artistici e simbolici che catturano l'attenzione dello spettatore. La scelta di rappresentare la vitalità dei girasoli, la poesia del cielo e l'effervescenza delle farfalle crea un'atmosfera positiva e ottimista, invitando chi osserva a immergersi nella bellezza e nell'armonia della natura.

A cura di *Luciana Giglio*

INFORMAZIONI SULL'AUTORE

Le opere sono del Muralista, autore anonimo. Le poesie sono di Francesco Gangale, l'unico che conosce Il Muralista e che ha curato il presente libro. Ha già collaborato con lui in un altro libro intitolato, appunto, "Il Muralista".

Francesco Gangale ha pubblicato:

- O' Sistema Guagliò: copione teatrale (Youcanprint)

- 'O Sistema Guagliò: romanzo (L'Argo Libro)

- Il cercatore di erbe: romanzo (L'Argo Libro)

- Gennarino venditore nato: romanzo (Albatros)

- Il Muralista: romanzo (Amazon)

www.ingramcontent.com/pod-product-compliance
Lightning Source LLC
Chambersburg PA
CBHW070010300526
45794CB00001B/266